Principes du Christianisme Biblique

Les joyaux communément inconnus de la Bible

Kouakou E. Diby, Ph.D.

Droits d'auteur 2025 Dr. Kouakou E. Diby

Tous droits réservés.

Aucune partie de cette publication ne peut être reproduite, distribuée ou transmise sous quelque forme ou par quelque moyen que ce soit, y compris par photocopie, enregistrement ou tout autre procédé électronique ou mécanique, sans l'autorisation écrite préalable de l'éditeur, sauf pour de brèves citations incluses dans des analyses critiques et certaines autres utilisations non commerciales autorisées par la loi sur le droit d'auteur. Les demandes d'autorisation doivent être adressées à : kediby@gmail.com

Les citations bibliques marquées BDS sont tirées de *La Sainte Bible, Version Semeur*, Alfred Kuen (dir.), la Société Biblique, Zondervan, 1992. Droits d'auteur 1992, 1999, et 2015 par Biblica, Inc.™. Utilisé avec permission. Tous droits réservés.

Les citations bibliques marquées NLT sont tirées du Holy Bible, New Living Translation®. Droits d'auteur 1996, 2004, 2015 by Tyndale House Foundation. Utilisé avec permission de Tyndale House Publishers, Inc., Carol Stream, Illinois 60188. Tous droits réservés.

Les citations bibliques non marquées, ainsi que celles marquées LSG, sont tirées de la version *Louis Segond 1910*, appartenant au domaine public.

ISBN Livre Broché : ISBN 979-8-9932281-4-3
ISBN Livre Électronique : ISBN 979-8-9932281-5-0

TABLE DES MATIÈRES

Remerciements
Introduction………………………………………………..……... 8
Chapitre 1 – Motivation : Le Coût de la Vie de Disciple ……….. 10
Chapitre 2 – La Foi : Essence du Christianisme ………………… 15
Chapitre 3 – L'amour : Raison d'Être Divine de l'Humanité……. 25
Chapitre 4 – Créé Libre, Prédestiné à la Gloire…………………... 29
Chapitre 5 – Prédestination : Plan Rédempteur Divin ………….. 37
Chapitre 6 – Péché : Exercice Malavisé du Libre Arbitre………... 53
Chapitre 7 – Salut : Rétablissement de l'Image Divine[1] Perdue ……………………………………………………………... 66
Chapitre 8 – Une Maison Construite sur le Sable ……..………... 79
Chapitre 9 – Joindre le Geste à la Parole ………………………… 85
Chapitre 10 – Dons Spirituels et Ministère Chrétien ….……….. 112
Chapitre 11 – Le Talon d'Achille ……………………................. 129
Conclusion…………………………………………………….... 140

REMERCIEMENTS

Il m'a fallu de nombreuses années d'étude de la Bible et de prière pour achever ce livre. Je n'aurais pas pu y parvenir sans le soutien et les encouragements de ma famille.

À ma chère épouse, Paulette Diby, l'amour de ma vie, merci d'avoir consacré du temps et des efforts à la lecture et à la critique du manuscrit tout au long du processus.

À ma chère petite-fille, Mado Grahouri, merci pour ta revue détaillée et tes commentaires, qui ont apporté au livre une perspective de la génération Y.

À mes enfants, Emeline et son époux Deogratias, Eve-Amabelle, Yannis-Elchanan et Elanisa-Anaya, merci d'avoir relu le manuscrit, d'y avoir apporté la perspective de la génération Z et de m'avoir soutenu tout au long du processus

INTRODUCTION

Je n'ai jamais imaginé que j'écrirais un livre chrétien. Cependant, plus je réfléchissais à l'écart grandissant entre l'état actuel de nombreuses églises à travers le monde et les principes bibliques du christianisme, plus je me sentais contraint de rompre le silence.

Je suis né et j'ai grandi dans une famille chrétienne qui fréquentait fidèlement une église évangélique, où mon père a consacré la majeure partie de sa vie au ministère et à la direction, jusqu'à ce que le Seigneur le rappelle à Lui en 1995. Dès l'âge de dix ans, j'ai chanté dans des chœurs ; j'ai été baptisé à quatorze ans, j'ai fréquenté régulièrement l'école du dimanche et écouté d'innombrables sermons, ce qui a suscité de nombreuses questions dans mon esprit jeune et curieux. Je précise d'ailleurs avoir été baptisé à au moins trois reprises par différentes églises que j'ai fréquentées au fil des années.

Par ailleurs, j'ai aussi commis ma part de péchés et de transgressions, percevant Dieu principalement comme le Dieu de mes parents, mais le Seigneur a été gracieux et m'a réorienté en temps voulu. Au début des années 90, j'ai été béni par l'enseignement et l'exemple d'un pasteur et ami fidèle, qui m'a appris à étudier les Écritures et à y chercher les réponses à mes questions. Vingt ans plus tard, au terme d'une étude assidue et nourrie par la prière, le Saint-Esprit a ouvert mon esprit afin que je comprenne les réponses bibliques à mes questions de longue date.

Ayant rencontré d'innombrables chrétiens professants qui n'ont pas encore été éclairés sur certaines vérités bibliques fondamentales, je me suis senti motivé par le Saint-Esprit à écrire ce livre, afin de partager ces vérités avec ceux qui sont encore en quête de réponses, dans le but d'édifier le corps du Christ. Ces vérités sont d'une valeur inestimable pour ceux qui s'apprêtent à prendre la décision déterminante de devenir chrétien et d'embrasser une nouvelle vie. Elles le sont tout autant pour ceux qui ont déjà fait ce choix sans en mesurer pleinement ce qu'être un disciple du Christ implique. Car comment pouvons-nous être convaincus que nous avons *la foi* si nous ne comprenons pas ce qu'est réellement *la foi* ? Comment pouvons-nous savoir que nous croyons en Christ si nous ne comprenons pas ce que signifie croire en Lui ?

Ma prière est que, dans les chapitres qui suivent, nous puissions examiner ensemble, à la lumière des Écritures pertinentes, certaines de ces vérités fondamentales, tout en consolidant l'assurance de nos vies en Christ au long de notre parcours. Que le Saint-Esprit habilite nos esprits à comprendre, ouvre nos yeux spirituels pour voir, et renforce notre foi pour que nous puissions embrasser et demeurer dans ses révélations transformatrices de la vie.

CHAPITRE 1

MOTIVATION
Le Coût de la Vie de Disciple

Car, lequel de vous, s'il veut bâtir une tour, ne s'assied d'abord pour calculer la dépense et voir s'il a de quoi la terminer, de peur qu'après avoir posé les fondements, il ne puisse l'achever, et que tous ceux qui le verront ne se mettent à le railler, en disant : Cet homme a commencé à bâtir, et il n'a pu achever ? Ou quel roi, s'il va faire la guerre à un autre roi, ne s'assied d'abord pour examiner s'il peut, avec dix mille hommes, marcher à la rencontre de celui qui vient l'attaquer avec vingt mille ? S'il ne le peut, tandis que cet autre roi est encore loin, il lui envoie une ambassade pour demander la paix. (Luc 14:28-32 LSG)

Dans ce passage, le Seigneur Jésus-Christ explique le sérieux et la clarté de pensée nécessaires pour parvenir à la décision solennelle de devenir son disciple (un chrétien). Il met l'accent sur la nécessité de s'asseoir « d'abord pour calculer » le coût de la vie de disciple chrétien avant de prendre une telle décision. Ses paroles indiquent non seulement que la décision de devenir, ou ne pas devenir, chrétien est d'une importance capitale, mais elles communiquent aussi la responsabilité de celui ou celle qui veut devenir chrétien à comprendre totalement ce qui est en jeu. Il s'agit, en effet, du choix le plus important d'une vie :

celui qui mène soit à la vie éternelle dans la présence de Dieu, soit à la damnation éternelle en enfer, séparé de Dieu pour l'éternité.

La plupart d'entre nous ont amplement eu l'occasion de prendre des décisions critiques, voire déterminantes de la vie. Le processus implique souvent une collecte sérieuse d'informations, l'analyse des avantages et des inconvénients de chaque option disponible, ainsi que les compromis entre les différentes alternatives.

Une compréhension intime des données importantes ainsi que leurs relations respectives est développée au cours de ce processus. En fin de compte, un aperçu rassurant de la question à traiter émerge, guidant le choix de l'alternative la plus bénéfique et la moins préjudiciable.

Les enjeux ne pourraient pas être plus élevés que lorsqu'il s'agit de décider de son destin éternel. La Bible enseigne que chaque être humain ayant jamais vécu possède une âme éternelle. Elle affirme également que notre monde tel que nous le connaissons passera à un moment donné dans l'avenir, et que l'âme de chaque personne décédée sera réunie à son corps, tout comme l'âme et le corps de Jésus-Christ furent réunis lors de sa résurrection d'entre les morts (Marc 16:1–7). Par conséquent, la question n'est pas de savoir si, mais plutôt quand est-ce que chacun de nous se retrouvera face à face avec sa destinée éternelle selon nos choix individuel. Personne n'échappera ; car ne pas choisir explicitement de suivre Jésus-Christ constitue, à ses yeux, un choix contre lui (Matthieu 12:30).

Aussi sérieuse que soit la décision concernant notre destinée éternelle, plusieurs d'entre nous ont décidé de devenir chrétiens sans vraiment comprendre ce qui est en jeu. Peut-être étions-nous à l'église lorsque nous avons entendu un prédicateur promettre une vie chrétienne sans difficultés, une prospérité financière, ou un succès garanti de quelque manière que nous avons imaginée. Peut-être nous avons été contraints par les circonstances de la vie et, n'entrevoyant aucune autre issue, nous avons été obligés d'accepter les paroles du prédicateur. Quelle qu'ait été notre motivation, si nous n'avions pas été préalablement instruits de toute la vérité biblique concernant la vie de disciple de Jésus, il est probable que nous ayons « pris le train en marche » sans comprendre pleinement l'Évangile de la grâce et la miséricorde de Dieu. Ainsi, notre décision n'aurait pas pu venir d'une acceptation reconnaissante du don de la vie éternelle que Dieu offre à l'humanité.

Beaucoup d'entre nous passent plusieurs années, voire des décennies, à suivre le mouvement des autres sans vraiment savoir ce qu'être chrétien signifie. Peut-être pensons-nous être des chrétiens forts dans la foi parce que nous chantons ou jouons des instruments dans le groupe musical de l'église. Ou parce que nous fréquentons d'autres personnes qui professent également être chrétiennes. Peut-être assistons-nous régulièrement à des études bibliques ou à des réunions de prière. Mieux encore, nous connaissons bien la Bible et pouvons réciter des passages entiers. Nous parlons le jargon chrétien du jour, ou nous occupons des postes tels que diacre, membre du conseil des anciens, ou pasteur. Alors comment pouvons-nous ne pas être chrétiens ? Eh bien, la réponse à cette question réside principalement dans les motifs qui nous poussent à nos activités relatives à la vie chrétienne. Aucune motivation égoïste ne doit rivaliser avec notre dévotion au Christ. « Que voulez-vous dire ? », pourraient se demander certains. Permettez-moi donc d'apporter quelques explications.

Considérons les paroles de Jésus dans le passage suivant :

> *Ceux qui me disent : Seigneur, Seigneur ! n'entreront pas tous dans le royaume des cieux, mais celui-là seul qui fait la volonté de mon Père qui est dans les cieux. Plusieurs me diront en ce jour-là : Seigneur, Seigneur, n'avons-nous pas prophétisé par ton nom ? n'avons-nous pas chassé des démons par ton nom ? et n'avons-nous pas fait beaucoup de miracles par ton nom ? Alors je leur dirai ouvertement : Je ne vous ai jamais connus, retirez-vous de moi, vous qui commettez l'iniquité. (Matthieu 7:21–23, LSG)*

Dans ce passage, le Seigneur Jésus ne nie pas les affirmations faites par ses interlocuteurs. En effet, il est très probable qu'ils aient accompli toutes les merveilles qu'ils affirment et exhibent comme preuve de leurs services et leur statut élevé dans les cercles chrétiens. Cependant, le contexte du passage suggère que l'accusation que le Seigneur porte contre eux est celle de leur hypocrisie. Ils ont fait des choses publiquement, prétendant le faire « au nom du Seigneur », tandis que leurs véritables motivations et leurs cœurs étaient éloignés de sa cause. En d'autres termes, leurs actes étaient motivés par des ambitions égoïstes, et non par la foi en Jésus-Christ. Or, puisque la foi constitue le fondement même de notre relation avec lui, nous devons comprendre ce qu'elle signifie vraiment. Alors, qu'est-ce que la foi ? Notre discussion sur les principes du christianisme biblique ne saurait être complète sans aborder cette question fondamentale, qui nous amène naturellement à notre premier thème d'étude : la foi.

CHAPITRE 2

LA FOI
Essence du Christianisme

La plupart, sinon toutes les personnes qui s'y connaissent dans les Écritures, sont d'accord que la foi est d'une importance primordiale dans le christianisme. En effet, la foi est si centrale que l'on pourrait dire que le christianisme deviendrait une entreprise humaine futile sans elle. Cependant, ne prenez pas ma parole pour vérité ; lisez ce que dit Hébreux 11:6 : *« Or sans la foi il est impossible de lui être agréable ; car il faut que celui qui s'approche de Dieu croie que Dieu existe, et qu'il est le rémunérateur de ceux qui le cherchent. » (LSG).* Ainsi, la question suivante mérite une réponse biblique : Qu'est-ce que la foi ? Le mot « foi », tel qu'il est utilisé dans l'ancien texte biblique, a-t-il la même signification qu'aujourd'hui ?

Dans Jean 3:16, Jésus dit : *« Car Dieu a tant aimé le monde qu'il a donné son Fils unique, afin que quiconque croit en lui ne périsse point, mais qu'il ait la vie éternelle » (LSG).* La croyance est-elle équivalente à la foi ? Pour rendre la question plus confuse, la déclaration du Seigneur dans Jean 3:36, traduite de la bible anglaise, s'exprime ainsi :*« Et quiconque croit au Fils de Dieu à la vie éternelle. Quiconque n'obéit pas au Fils ne connaîtra jamais la vie éternelle mais restera sous le jugement de la colère de Dieu. »*[1] *(NLT)*

Quel lien existe donc entre l'obéissance, la foi et la croyance ?

Ce sont là quelques-unes des questions fondamentales sur lesquelles j'ai longuement médité dans ma quête pour comprendre l'essence de ma vie chrétienne. En cherchant des réponses, j'ai réalisé que la foi est bien plus qu'une simple croyance : elle constitue le fondement même de la vie chrétienne. Explorons cela plus en détail.

La Foi Salvatrice : Caractéristique Principale des Vrais Chrétiens

Croire, c'est avoir la foi ; et « avoir la foi, c'est obéir sans se soucier des conséquences ».

Comme l'indique sans équivoque l'Évangile de Jean 3:16 et 14:6, croire en Jésus-Christ est la seule voie du salut offerte par l'amour indéfectible de Dieu pour l'humanité. Pour cette raison seule, ceux qui veulent devenir chrétien doivent comprendre ce que signifie croire en Christ. Notez que dans Jean 3:16, le Seigneur Jésus-Christ n'a pas dit : « quiconque me croit ne périra pas », mais plutôt que : « quiconque croit en moi ne périra pas ». On pourrait se demander quelle est la différence de nuance entre croire quelque chose ou quelqu'un et croire **en** quelque chose ou quelqu'un ? Dans le contexte du christianisme, la différence ne pourrait pas être plus grande : elle fait la différence entre la vie éternelle et la mort éternelle.

---

[1] Texte original : « And anyone who believes in God's Son has eternal life. Anyone who doesn't obey the Son will never experience eternal life but remains under God's angry judgment » (NLT)

Croire quelqu'un ou quelque chose est un assentiment intellectuel à la véracité d'un fait sur cet individu ou cette chose. Par exemple, un jeune écolier africain qui a appris l'histoire de la Grande Muraille de Chine à l'école en vient à accepter son existence comme une vérité. La vérité de ce fait n'a pas d'impact immédiat et peut ne jamais avoir d'importance dans la vie du jeune. À ce sujet, l'apôtre Jacques écrit : *« Tu crois qu'il y a un seul Dieu, tu fais bien ; les démons le croient aussi, et ils tremblent ! » (Jacques 2:19, LSG).*

Il n'y a rien de mal à adhérer intellectuellement à la vérité de l'existence d'un seul vrai Dieu. Jacques souligne simplement qu'un tel assentiment intellectuel est totalement insuffisant pour être un disciple chrétien. De même, accepter les faits concernant Jésus-Christ comme des vérités historiques ne change rien à la question du paradis ou de l'enfer. De toute évidence, Jean 3:16 signifie plus qu'un simple assentiment intellectuel à la véracité des faits concernant Jésus-Christ.

« Croire en » est une expression qui existe dans des langues autres que l'hébreu et le grec, langues dans lesquelles le texte biblique original a été rédigé. Dans mon dialecte africain natal, le Baoulé, utilise une expression, qui littéralement traduite en français se lirait « dormir sur », pour exprimer la croyance en quelqu'un ou quelque chose.

Dans les temps anciens, mes ancêtres étaient principalement des chasseurs qui passaient plusieurs jours et nuits à chasser dans la jungle africaine. Le choix d'un endroit où dormir pour la nuit n'était pas un exercice trivial pour eux. Ils ne dormaient que dans des endroits jugés sûrs et sécurisés, des endroits auxquels ils confiaient leur sommeil, totalement inconscients de leur entourage.

L'importance de cette expression est qu'elle illustre une confiance totale, même concernant la vie et la mort. Certes, ces chasseurs n'auraient pas du tout considéré dormir dans un tel endroit s'ils ne l'avaient pas cru réellement sécuritaire, mais abandonner son bien-être à la sûreté et à la sécurité d'un tel endroit pour y dormir exigeait plus qu'une simple acceptation de telles réalités.

Peut-être qu'une illustration de « croire en » en termes d'événement réel et pratique, nous aidera à comprendre davantage le sens de cette expression.

Figure 1 : Blondin, traversant les chutes du Niagara avec son manager sur le dos.

La plupart des historiens se souviennent de la marche historique, sur une corde raide, de Jean-François Gravelet à travers les chutes du Niagara en 1859. Un aspect remarquable de la performance du Grand Blondin était les multiples traversées qu'il faisait en portant divers objets ou en poussant une brouette. Il demandait souvent aux spectateurs s'ils pensaient qu'il pouvait traverser les chutes du Niagara les yeux bandés en poussant la brouette. La foule l'acclamait en disant : « Oui ! Nous pensons que vous pouvez ! » Alors il se bandait les yeux et traversait le fleuve en poussant la brouette. Lorsqu'il atteignait l'autre côté de la rive, il disait à la foule en liesse : « Maintenant, je vais retourner. Qui veut monter dans la brouette pour aller avec moi ? Y a-t-il des volontaires ? » Personne n'osait répondre. Il répétait alors sa demande de volontaire : « Qui veut monter dans la brouette ? » Encore une fois, il y avait un silence total. Pas une seule personne dans la foule n'était prête à monter dans la brouette ; ainsi, il finissait souvent par pousser la brouette vide pour retraverser le fleuve.

Bien que tout le monde fût convaincu que M. Gravelet avait les compétences nécessaires pour traverser les chutes du Niagara en toute sécurité avec la brouette, personne n'osait l'accompagner dans son trajet. Selon les propres paroles de la foule, elle croyait que M. Gravelet avait la capacité de traverser jusqu'à l'autre rive ; ce que personne n'osait faire c'est de *croire en* lui ou en ses grandes compétences. Autrement dit, aucune personne dans la foule n'était prête à lui confier sa vie, ne serait-ce que pour la brève durée de la traversée.

Cette histoire nous montre qu'il y a une grande différence entre l'acceptation de la capacité de quelqu'un à faire quelque chose et la prise de décisions de vie ou de mort basée sur cette capacité. C'est précisément ce que Jésus signifie lorsqu'il appelle ses disciples à croire en lui, et non seulement à croire des propos à son sujet.

Le Seigneur Jésus garantit la vie éternelle non pas à ceux qui croient à des informations le concernant, mais à ceux qui *croient* vraiment *en* lui (Jean 3:16).

* * *

Ayant clarifié le sens de la croyance évoquée dans Jean 3:16, revenons à la relation entre la foi, la croyance et l'obéissance. Une comparaison étymologique de ces mots révèle que la croyance signifiait à l'origine « confiance en Dieu », jusqu'au début du 13ème siècle, tandis que la foi renvoyait à une « loyauté envers une personne basée sur une promesse ou un devoir ».

À partir des traductions du XIVe siècle, la foi a pris une connotation religieuse, tandis que la croyance s'est limitée, au XVIe siècle[2], à « l'acceptation mentale de quelque chose comme une vérité » ; Ce n'est donc pas étonnant que Jean 3:16 soit souvent mal compris aujourd'hui. Dans son usage moderne, la foi est devenue synonyme de « croyance en », tout comme elle l'était à l'époque biblique. L'Ancien Testament nous raconte de nombreux événements historiques où les réactions de ceux qui les ont vécus illustrent de manière vive à quoi ressemble la foi lorsqu'elle se manifeste dans la vie de personnes ordinaires comme nous.

L'un de mes récits préférés se trouve dans Daniel 3. Nous y voyons trois jeunes hommes hébreux répondre audacieusement à une situation de vie et de mort, révélant ainsi leur foi en Dieu. Sachant clairement que le roi avait lui-même décrété que la conséquence de leur refus persistant d'adorer l'image d'or entraînerait une mort douloureuse dans la fournaise ardente, Shadrach, Meshach et Abed-Nego répondirent au roi Nebucadnetsar en disant : *« Nous n'avons pas besoin de te répondre là-dessus. Voici, notre Dieu que nous servons peut nous délivrer de la fournaise ardente, et il nous délivrera de ta main, ô roi. Sinon, sache, ô roi, que nous ne servirons pas tes dieux, et que nous n'adorerons pas la statue d'or que tu as élevée. » (LSG)*

Par leurs propos, il est clair et sans équivoque que ces hommes possédaient une confiance absolue en Dieu. Ils croyaient que Dieu avait le pouvoir de les sauver, s'Il le jugeait bon.

---

[2]Texte original : « mental acceptance of something as true », Douglas Harper, Online Etymology Dictionary.

Cependant, ce qui rend leur réponse remarquable, c'est qu'ils étaient également prêts à périr en faisant confiance et en obéissant à Dieu, même si, par sa volonté suprême et sans faille, Il choisissait de ne pas les sauver. C'est ça la foi en action !

Le récit complet de cet événement, concernant Shadrach, Meshach, et Abed-Nego, démontre clairement que Dieu est assez puissant pour sauver, même d'une fournaise ardente. Mieux encore, le récit nous montre à quoi ressemble la foi salvifique dans les circonstances de la vie réelle : une confiance totale en Dieu, accompagnée d'une obéissance absolue à Dieu et à Christ, quelles que soit les conséquences. C'est là le seul type de foi qui sauve. Le Seigneur Jésus-Christ a affirmé cette vérité lorsqu'il déclara à son auditoire : *« Si quelqu'un vient à moi, et s'il ne hait pas son père, sa mère, sa femme, ses enfants, ses frères, et ses sœurs, et même sa propre vie, il ne peut être mon disciple. Et quiconque ne porte pas sa croix, et ne me suis pas, ne peut être mon disciple. »* (Luc 14:26–27, LSG)

Oui, le chrétien doit donner la priorité à l'obéissance au Seigneur Jésus-Christ par-dessus toute autre considération, y compris sa propre subsistance.

Dans le contexte du christianisme, la croyance (ou la foi) et l'obéissance sont inséparables. Jean-Baptiste met l'accent sur ce point en déclarant dans Jean 3:36 que « quiconque croit au Fils de Dieu a la vie éternelle. Quiconque n'obéit pas au Fils ne connaîtra jamais la vie éternelle mais restera sous le jugement de la colère de Dieu. »

Après avoir connu la vérité du dessein pour lequel Dieu a envoyé Son Fils dans le monde, ceux qui choisissent volontairement de ne pas croire se placent en rébellion contre ce saint dessein de Dieu, qui est de sauver le monde par Son Fils. Croire au Fils équivaut à lui obéir. L'attente de Jésus concernant l'obéissance de ses disciples, les chrétiens, est évidente dans sa frustration envers ceux qui prétendent être chrétiens, mais continuent délibérément de désobéir à sa parole. Il met en évidence cette hypocrisie apparente par sa question : *« Pourquoi m'appelez-vous Seigneur, Seigneur ! et ne faites-vous pas ce que je dis ? » (Luc 6:46, LSG)*

Notre discussion sur la foi par rapport à l'obéissance serait incomplète sans un compte rendu de l'importance de l'obéissance dans la vie d'Abraham, le « Père de la Foi ». L'apôtre Paul écrit : *« Abraham crut à Dieu, et cela lui fut imputé à justice » (Romains 4:3, LSG)*. Quelqu'un pourrait soutenir que Paul n'a pas dit qu'Abraham croyait en Dieu ; cependant, un coup d'œil rapide sur Genèse 15:6, qui est le verset cité par Paul dans Romains 4:3, dissipe toute confusion. Le passage se lit comme suit : *« Abram eut confiance en l'Éternel, qui le lui imputa à justice. » (LSG)*

En effet, Abraham croyait en Dieu. Il avait en Lui la même foi que celle que Jésus demande à ceux qui désirent être chrétiens : une foi à dans le Sauveur pour obtenir la vie éternelle. La foi d'Abraham, vue comme une obéissance malgré les conséquences, est mieux démontrée par sa réponse à l'une des circonstances les plus remarquables de son parcours avec Dieu. Comme enregistré dans Genèse 22 :

> *Dieu dit : 'Prends ton fils, ton unique, celui que tu aimes, Isaac ; va-t'en au pays de Morija, et là offre-le en holocauste sur l'une des montagnes que je te dirai.' Abraham se leva de bon matin, sella son âne, et prit avec lui deux serviteurs et son fils Isaac... Puis Abraham étendit la main, et prit le couteau, pour égorger son fils. Alors l'ange de l'Éternel l'appela des cieux. (Genèse 22:2 – 3, 10 – 11, LSG)*

Abraham croyait en Dieu au point d'obéir de tout cœur à Sa parole quelles que soient les conséquences sur sa propre vie ou celle de sa famille. À la commande de Dieu, il quitta la maison de son père, son peuple, et son pays pour séjourner dans un pays étranger, faisant face à une multitude d'épreuves et situations, mettant sa vie en danger. Pour le tester, Dieu demanda la vie de son fils unique, Isaac, comme un holocauste ; et Abraham obéit. C'est encore là la foi mise en pratique !

Il y a d'innombrables récits de personnes affichant une telle foi en Dieu dans l'Ancien et le Nouveau Testament. Hébreux 11 déclare que : « *Tous ceux-là, à la foi desquels il a été rendu¹ témoignage, n'ont pas obtenu ce qui leur était promis* » *(Hébreux 11:39, LSG)*. Pourtant, ils sont restés obéissants à Dieu. Peut-être que la plupart d'entre nous ne vivrons jamais littéralement les mêmes circonstances qu'Abraham ou Shadrach, Meshach, et Abed-Nego. Néanmoins, nous sommes régulièrement confrontés à une multitude de situations moins extrêmes où nous devons prendre des décisions qui affectent nos vies ou celles de nos proches de diverses manières ou degrés.

La question est de savoir si nous prenons ces décisions en tenant compte de notre foi chrétienne. Par exemple, allons-nous continuer de dire la vérité, même si cela signifie être licencié de notre travail ? Allons-nous maintenir notre intégrité même si cela implique le paiement d'une forte amende pour nos erreurs ? Aimons-nous nos ennemis ? Restons-nous honnêtes lorsque nous réalisons que, dans notre entourage, tout le monde triche, ment, et pratique la corruption systématique pour réussir financièrement ? Donnons-nous la priorité à nos carrières plutôt qu'à l'éducation pieuse de nos enfants ? Ce sont là des questions qui pourraient se poser chaque jour, pour le reste de la vie. Tout ce que le Seigneur exige de nous c'est de donner notre priorité à sa personne aussi bien qu'à ses intérêts.

Notre foi détermine nos priorités, et nos priorités sont évidentes à travers notre obéissance à la Parole de Dieu. Vivre chaque aspect de notre vie quotidienne selon la Parole de Dieu est l'essence de la vie à laquelle les chrétiens sont appelés : la vraie vie chrétienne.

CHAPITRE 3

L'AMOUR
Raison d'Être Divine de l'Humanité

Car Dieu a tant aimé le monde qu'il a donné son Fils unique, afin que quiconque croit en lui ne périsse point, mais qu'il ait la vie éternelle. (Jean 3:16 LSG)

La Bible déclare clairement que Dieu aime l'humanité depuis le temps d'Adam et Ève au jardin d'Éden. En effet, le désir principal de Dieu d'avoir une relation amoureuse avec les humains est le facteur déterminant qui a motivé la création de l'Homme[3]. Le Seigneur Jésus-Christ a fait un résumé percutant de l'attente divine dans cette relation entre Dieu et l'Homme en disant :

Tu aimeras le Seigneur, ton Dieu, de tout ton cœur, de toute ton âme, et de toute ta pensée. C'est le premier et le plus grand commandement. Et voici le second, qui lui est semblable : Tu aimeras ton prochain comme toi-même. De ces deux commandements dépendent toute la loi et les prophètes. (Matthieu 22:37–40, LSG).

---

[3] Pour assurer la cohérence avec le texte biblique, le terme « Homme » est utilisé tout au long du livre comme une forme abrégée pour l'humanité.

En d'autres termes, Dieu désire que chaque humain l'aime de tout son être ! C'est cette profondeur d'amour qu'il recherche dans Sa relation avec l'humanité.

Par sa mort sacrificielle sur une croix romaine, le Seigneur Jésus a révélé l'amour immense que Dieu a déjà manifesté et continue de déverser dans sa relation avec l'humanité. À travers toute la Bible, l'amour est la principale motivation de Dieu dans cette relation. Par conséquent, saisir le concept de l'amour dans le contexte biblique est essentiel si nous voulons interpréter correctement les Écritures et les appliquer avec justesse dans notre relation avec Dieu et avec les autres humains.

Malheureusement, l'amour est peut-être le concept biblique le plus mal compris et le plus mal appliqué. Cette confusion est en partie due aux limites de l'anglais comme langue cible des traductions à partir des langues plus expressives utilisées pour rédiger les manuscrits originaux de la Bible. Alors que l'anglais ne dispose que d'un seul mot pour désigner l'amour, le grec, langue originale du Nouveau Testament, possède au moins quatre termes distincts pour exprimer différentes formes d'amour avec plus de précision dans des contextes spécifiques. Parmi ceux-ci, '**agapè**' est le mot grec qui décrit l'amour de Dieu pour l'humanité. C'est cet amour de type *agapè* qui constituera le cœur de notre réflexion dans les paragraphes suivants de ce chapitre.

L'Amour Agapè

Il est essentiel pour ceux qui désirent une compréhension de l'interaction de Dieu avec l'humanité de comprendre ce qu'est l'amour agapè. Bon nombre de questions complexes concernant l'interaction divine avec l'humanité proviennent d'idées fausses sur l'amour agapè de Dieu. Comprendre l'amour agapè aide également à développer une perspective réaliste sur les enseignements du Seigneur Jésus qui sont présentés dans les quatre premiers livres du Nouveau Testament, par exemple, *« Aimez vos ennemis » (Matthieu 5:44, LSG)*.

Il convient d'abord de préciser que l'amour agapè n'est pas celui que l'on retrouve habituellement entre amis proches, ni celui qui unit un homme et une femme attirés l'un par l'autre. Cela est vrai même si l'amour du type agapè peut se développer dans ces genres de relations humaines. Il n'est pas un sentiment ; c'est un engagement volontaire et désintéressé à veiller aux intérêts de quelqu'un d'autre. À ce titre, l'amour agapè n'est pas motivé par une poursuite d'intérêts personnelles. Il est librement accordé du cœur de celui qui aime au bénéficiaire sans aucune condition. Il peut donc être donné à une personne totalement indigne. C'est dans ce sens que Jésus commande aux chrétiens d'aimer leurs ennemis, à l'image de Dieu qui fait tomber la pluie et lever le soleil sur les champs des injustes et des justes.

L'amour agapè est uniquement motivé par la gentillesse sincère et la faveur imméritée envers celui qui est aimé. Nous, les humains, pouvons parfois être trompés par quelqu'un qui prétend avoir de l'amour agapè pour nous, mais le Dieu omniscient, qui sonde les cœurs humains, ne peut pas être trompé. Il peut discerner sans faute le véritable amour agapè de toute imitation. Cet amour ne peut pas être obtenu par coercition, corruption, ou tromperie ; car il doit être motivé par une bonté sincère et une faveur imméritée envers le bénéficiaire.

Bien que Dieu aurait pu créer l'Homme incapable de ressentir autre chose que l'amour pour Lui, un tel choix aurait privé l'Homme de son humanité qui est sa capacité d'aimer vraiment du fond cœur. Sans la possibilité de ressentir de la haine envers Dieu, l'amour pour Lui serait dénué de sens : Ce ne serait pas de l'amour.

Les robots sont des exécuteurs de commandes très prévisibles et efficaces, pourtant nous n'utilisons jamais un type de vocabulaire amoureux pour décrire l'interaction entre un robot avec son opérateur. Sérieusement, personne ne dira jamais : « Ma voiture toute neuve exécute parfaitement toutes mes commandes en tant que conducteur ; elle m'aime vraiment ! » Nous n'employons pas le vocabulaire de l'amour parce que les robots n'ont pas la capacité de désobéir volontairement à nos ordres. Ils ne sont pas capables de ressentir de la gentillesse ou de la faveur envers un opérateur ; ils ne peuvent pas aimer.

Dieu voulait que les humains soient différents, alors Il les a rendus totalement libres, capable de prendre des décisions indépendantes d'aimer ou de haïr du fond du cœur. L'amour ne peut pas exister de manière significative sans l'option de ne pas aimer.

CHAPITRE 4

Créé Libre, Prédestiné à la Gloire

Le libre arbitre par rapport à la prédestination est l'un des sujets les plus controversés dans les cercles chrétiens de nos jours. À tel point qu'un examen des enseignements et croyances à leur sujet révèle souvent des différences nettes, parfois contradictoires, entre différentes églises évangéliques, et même entre croyants au sein de la même congrégation. Ainsi, ma tentative d'éclairer ces sujets peut être considérée par les critiques comme prétentieuse, étant donné que je ne suis ni un érudit biblique renommé, ni un diplômé de séminaire. Je n'ai, en effets, jamais fréquenté un tel établissement d'enseignement.

Malgré le risque d'une critique ouverte ou d'un scepticisme caché de la communauté chrétienne, je me sens obligé de partager ce que je crois être la vérité sur la prédestination et le libre arbitre. C'est ma conviction, fondée sur la promesse du Seigneur, que le Saint-Esprit révèle la vérité sur toute question aux croyants qui étudient les Écritures avec sérieux et dans un esprit de prière à la recherche de la volonté de Dieu (Marc 4:24–25, LSG).

Ayant vécu une telle révélation, je suis motivé par l'amour pour mes frères et sœurs chrétiens à partager mes convictions sur ces sujets

tels qu'ils sont enseignés dans les Saintes Écritures.

Dans le reste de ce chapitre, nous examinerons les textes bibliques à la recherche d'idées logiques et pertinentes sur les concepts de prédestination et de libre arbitre. Pour préparer le terrain à une discussion fructueuse de ces concepts, nous devons d'abord établir un contexte adéquat. Sans un tel contexte, nous sommes susceptibles de nous engager dans un exercice purement philosophique qui ne sera pas fructueux spirituellement. Nous avons besoin d'un contexte pertinent où la Bible fournit des informations de base qui expliquent logiquement[4] certains des aspects complexes et apparemment contradictoires de la prédestination et du libre arbitre. Nous croyons qu'un tel contexte découle de la motivation divine qui a conduit à la création de l'humanité. Nous allons donc l'étudier en examinant les passages bibliques pertinents.

La création de l'humanité est particulièrement intrigante, car Dieu n'avait pas l'intention de créer juste une autre créature parmi d'autres. Il voulait créer un être à qui Il conférerait certains de ses propres attributs divins.

Dans Genèse 1:26, Dieu dit : *« Faisons l'homme à notre image, selon notre ressemblance » (LSG)*. Pourquoi Dieu Tout-Puissant a-t-il désiré un tel être ? Quel était le but divin dans la création de l'Homme ? À travers toute la Bible, il est abondamment clair que le but ultime de Dieu en créant l'humanité a toujours été de vivre une relation d'amour avec sa création particulière.

Ce dessein divin est profondément significatif, car il définit à la fois l'identité de l'Homme et la nature de la relation que Dieu poursuit

---

[4] Certains peuvent soutenir que le christianisme est une question de croyance, pas de logique. Ma réponse à leur argument est : Le créateur qui a donné à l'humanité sa capacité de penser et d'agir logiquement manquerait-il de ces qualités ? Absolument pas. La foi n'exclut pas le raisonnement logique ; elle ne fait que compléter notre manque de compréhension des choses d'un Créateur infiniment sage, nous permettant de les accepter simplement en faisant confiance à Dieu.

avec l'humanité depuis le Jardin d'Éden, lieu de sa création. Le but de Dieu en créant l'humanité fait la lumière sur les vérités bibliques merveilleuses et déroutantes telles que le libre arbitre, le péché, le salut, et l'élection (également connue sous le nom de prédestination).

Dans les paragraphes suivants, nous examinerons le libre arbitre, le péché, et l'élection dans le contexte du but divin pour l'humanité. Nous commencerons notre discussion par une définition biblique de chacun de ces concepts, suivie d'une discussion de la nécessité du concept comme partie intégrale du plan directeur de Dieu pour l'humanité.

* * *

Libre Arbitre : La Liberté de Choisir sans Interférence Divine

Qu'est-ce que le libre arbitre ? L'humanité peut-elle être libre en présence d'un Créateur tout-puissant et omniscient ? Oui ! La liberté spirituelle n'est pas l'antithèse du règlement ; c'est plutôt la capacité de choisir librement sans aucune interférence divine. En effet, si la liberté spirituelle n'avait pas été accordée à l'humanité par le créateur tout-puissant, y compris la liberté vis-à-vis de Dieu, l'Homme ne serait pas véritablement libre. Comme nous le verrons, la vérité biblique est que Dieu a intrinsèquement doté l'humanité de sa liberté spirituelle dès sa création.

Parmi les peuples de l'époque moderne, les Américains ont une perspective et une appréciation uniques de la liberté en tant que droit inaliénable accordé à l'humanité par le Créateur. En effet, Dieu nous a créés comme des agents moralement libres. Oui, nous avons été dotés de la capacité d'exercer cette liberté, y compris dans notre relation avec le Créateur Lui-même.

Le Créateur omniscient de l'univers, le Seigneur Dieu Tout-Puissant, ayant prédéterminé l'ensemble des alternatives possibles, nous a inculqué la capacité du libre arbitre pour faire des choix moraux dans cet ensemble de possibilités. Il l'a fait sans aucune interférence biaisée, de Sa part, qui pourrait, en fin de compte, intrinsèquement influencer nos choix. Pour chaque décision morale à laquelle nous faisons face dans cette vie, bien que les circonstances relatives puissent influencer nos choix finaux, nous avons la capacité inhérente de faire ces choix librement. Nous pouvons prendre des décisions égoïstes ou désintéressées ; c'est-à-dire, des décisions bénéfiques ou préjudiciables pour autrui, choisir d'obéir ou de désobéir à Dieu, et même des décisions d'aimer ou de haïr Dieu. Depuis l'époque d'Adam et Ève dans le jardin d'Éden jusqu'à nos jours, les humains ont exercé cette capacité divine conférée par leur Créateur. C'est cela que l'on appelle le libre arbitre.

* * *

Libre Arbitre : Qualité Essentielle ou Défaut

En raison des récits bibliques et historiques sur l'humanité concernant l'exercice de la liberté, le libre arbitre peut être perçu comme un attribut négatif de l'Homme. Après tout, c'est le libre arbitre qui a rendu possible le péché originel. On pourrait soutenir que, sans la capacité de l'humanité à désobéir au commandement de Dieu, il n'y aurait pas eu de possibilité pour le péché d'entrer dans le monde ; et ce serait un argument valable. Certains vont même jusqu'à reprocher au Créateur d'avoir façonné un être aussi imparfait, une accusation qui peut paraître, à première vue, justifiée. Cependant, de telles conceptions du libre arbitre soulèvent des contradictions profondes avec les attributs de Dieu tels qu'ils sont exposés dans les Écritures. Cette contradiction, à elle seule, indique clairement que ces points de vue sont bibliquement incorrectes.

Notre compréhension du libre arbitre est tout à fait à l'opposé de celles mentionnées ci-dessus. Le libre arbitre est un attribut divin ! Jésus l'affirme clairement lorsqu'il déclare :

> *Car je suis descendu du ciel pour faire, non ma volonté, mais la volonté de celui qui m'a envoyé. Or, la volonté de celui qui m'a envoyé, c'est que je ne perde rien de tout ce qu'il m'a donné, mais que je le ressuscite au dernier jour. La volonté de mon Père, c'est que quiconque voit le Fils et croit en lui ait la vie éternelle ; et je le ressusciterai au dernier jour. (Jean 6:38–40, LSG)*

Il ressort clairement de ce passage que le Père et le Fils ont tous deux une volonté. Il est également évident que le Fils a librement choisi d'accomplir la volonté du Père plutôt que la sienne. Être doté du libre arbitre n'est donc ni un péché ni une incitation au pécher. Jésus-Christ, le Rédempteur sans péché de l'humanité, possédait une volonté qu'il a volontairement choisie d'abandonner « pour faire la volonté de celui qui l'a envoyé ». Et il l'a fait sans commettre le moindre péché.

Le libre arbitre est un attribut divin accordé à l'Homme comme moteur de l'image du Créateur dans la créature. Le mauvais usage de cet attribut divin ne ternit pas l'attribut lui-même ; il corrompt seulement son possesseur : la créature.

Cependant, la question demeure : pourquoi l'humanité a-t-elle dû être dotée du libre arbitre ? La réponse facile, mais pas si perspicace, à cette question est que Dieu a voulu qu'il en soit ainsi. Cette réponse s'avère bientôt trop superficielle au regard des conséquences historiques de grande portée que subit l'humanité à cause de l'exercice du libre arbitre.

Depuis le Jardin d'Éden, les conséquences du péché originel sont considérables, tant pour la créature que pour le Créateur :

1. La créature était destinée à la séparation éternelle et à la damnation du Créateur.
2. Le Créateur a dû encourir un coût très élevé, la crucifixion de son Fils, pour racheter la création.

Cela soulève la question de savoir si doter l'humanité du libre arbitre valait toute la peine, pour ainsi dire. La réponse à cette question rhétorique est emphatiquement : oui ! Le Seigneur Dieu Tout-Puissant est omniscient ; Il sait tout, y compris les détails de tous les événements passés, présents, et futurs. Ainsi, rien de ce qui s'est produit au Jardin d'Eden ne L'a surpris. Il savait que créer Adam et Ève avec la liberté de faire des choix sans intervention divine signifiait qu'ils pouvaient aller contre Sa volonté s'ils le voulaient. Pourtant, il les a créés ainsi. Nous pouvons donc conclure, avec une certitude inébranlable, que ce choix divin en valait la peine. Mais pourquoi ?

Libre Arbitre : L'Essence de l'Humanité

Plusieurs raisons peuvent expliquer pourquoi le Créateur de l'univers a doté l'Homme du libre arbitre. Cependant, il y a une raison qui, avant tout, nous conduit au but même de la création de l'Homme. Dans Marc 12:30–31, Jésus énonce le plus grand commandement : « *Tu aimeras le Seigneur, ton Dieu, de tout ton cœur, de toute ton âme, de toute ta pensée, et de toute ta force… Tu aimeras ton prochain comme toi-même.* » *(LSG)*

Bien que cette déclaration du Seigneur ne figure pas littéralement dans les Dix Commandements, elle en constitue un résumé complet et percutant. Il en ressort clairement que le but premier de l'Homme est de glorifier Dieu en l'aimant de tout son cœur, de toute son âme, de toute sa pensée, et de toute sa force, ainsi qu'en aimant son prochain comme soi-même. Quel rapport y a-t-il entre aimer Dieu, aimer son prochain, et le libre arbitre ?

Pour répondre à cette question de manière significative, nous devons reconnaître quelques faits fondamentaux concernant la nature de l'amour. Quelles que soient nos interprétations individuelles de l'amour, nous sommes tous d'accord sur un point : l'amour est donné inconditionnellement ; C'est une faveur offerte gratuitement. L'obéissance, bien qu'elle puisse découler de l'amour, n'est pas l'amour en soi. Une réponse programmée, aussi fiable et pratique soit-elle, ne saurait être qualifiée d'amour.

Si l'amour est une faveur inconditionnelle et gratuite, il s'ensuit que les robots sont incapables d'aimer. C'est pourquoi aucune personne sensée ne dirait jamais : « Mon aspirateur robot nettoie mon tapis en permanence pendant que je suis au travail ; il m'aime vraiment ! » Seuls les êtres véritablement libres et vivants sont capables d'aimer au sens véritable et étymologique du terme.

On peut même affirmer que, du point de vue du Créateur, la véritable gloire que lui confère une créature libre qui choisit de l'aimer dépasse largement le risque qu'elle puisse le rejeter. C'est pour cette raison que Dieu, dans son omniscience, a créé l'humanité avec la capacité parfaitement adaptée à son dessein : le libre arbitre. Autrement dit, Dieu, a intentionnellement créé Adam avec la capacité d'obéir ou de désobéir librement, d'aimer ou de haïr, de demeurer innocent ou de devenir pécheur. Le libre arbitre n'est pas un défaut de l'humanité ; c'est l'attribut fondamental qui permet à l'Homme d'accomplir son dessein divin ; c'est l'essence même de l'être humain. Sans le libre arbitre, nous cessions d'être humains.

CHAPITRE 5

PRÉDESTINATION
Plan Rédempteur Divin pour L'Humanité

Le concept de prédestination est introduit pour la première fois dans le Nouveau Testament par le Seigneur Jésus-Christ lui-même, dans Jean 6:37 : « *Tous ceux que le Père me donne viendront à moi, et je ne mettrai pas dehors celui qui vient à moi.* » *(LSG)*.

Il ajoute également, dans Jean 6:44 : « *Nul ne peut venir à moi, si le Père qui m'a envoyé ne l'attire ; et je le ressusciterai au dernier jour* » *(LSG)*.

Ces versets montrent clairement que personne ne parvient à la connaissance du Christ, au point propice à la foi, à moins que Dieu le Père « l'attire ». Mais que veut dire le Seigneur Jésus par cette attraction du Père ? Ces déclarations indiquent-elles que Dieu le Père participe activement à la venue de chacun au Sauveur ? Certainement !

La prédestination est également enseignée par l'apôtre Paul dans les passages bibliques suivants :

> *Nous savons, du reste, que toutes choses concourent au bien de ceux qui aiment Dieu, de ceux qui sont appelés selon son*

dessein. Car ceux qu'il a connus d'avance, il les a aussi prédestinés à être semblables à l'image de son Fils, afin que son Fils fût le premier-né entre plusieurs frères. Et ceux qu'il a prédestinés, il les a aussi appelés ; et ceux qu'il a appelés, il les a aussi justifiés ; et ceux qu'il a justifiés, il les a aussi glorifiés. (Romains 8:28–30, LSG)

Béni soit Dieu, le Père de notre Seigneur Jésus Christ, qui nous a bénis de toute sortes de bénédictions spirituelles dans les lieux célestes en Christ ! En lui Dieu nous a élus avant la fondation du monde, pour que nous soyons saints et irrépréhensibles devant lui, nous ayant prédestinés dans son amour à être ses enfants d'adoption par Jésus Christ, selon le bon plaisir de sa volonté, à la louange de la gloire de sa grâce qu'il nous a accordée en son bien-aimé. (Éphésiens 1:3–6, LSG)

En lui nous sommes aussi devenus héritiers, ayant été prédestinés suivant la résolution de celui qui opère toutes choses d'après le conseil de sa volonté, afin que nous servions à la louange de sa gloire, nous qui d'avance avons espéré en Christ. En lui vous aussi, après avoir entendu la parole de la vérité, l'Évangile de votre salut, en lui vous avez cru et vous avez été scellés du Saint Esprit qui avait été promis, lequel est un gage de notre héritage, pour la rédemption de ceux que Dieu s'est acquis, à la louange de sa gloire. (Éphésiens 1:11–14, LSG).

Ces déclarations impliquent-elles que ceux qui viennent au Sauveur n'aient aucune part, ni aucun choix en la matière ? Il semble bien que oui ! Cela signifierait-t-il que Dieu le Père attire certains à la vie éternelle en Christ, tout en laissant d'autres périr en enfer ? Compte tenu du nombre d'âmes perdues tout au long de l'histoire de l'humanité, cette conclusion pourrait sembler plausible. Cependant, le Sauveur omniscient Seigneur, conscient du caractère controversé de ces déclarations prises isolément, a fourni des explications complémentaires. En effet, Jésus a développé ce point dans Jean 6:45, où il déclare : « *Il est écrit dans les prophètes : Ils seront tous enseignés de Dieu. Ainsi quiconque a entendu le Père et a reçu son enseignement vient à moi.* » *(LSG).*

Par ces paroles, le Seigneur Jésus dit simplement que Dieu le Père est l'enseignant de toute l'humanité, et que quiconque écoute le Père et reçoit son enseignement vient au Sauveur. Notez la précision des paroles du Seigneur. Le Père enseigne, et la responsabilité de l'humanité est d'user de sa liberté de choix pour suivre l'enseignement de Dieu. Certaines personnes choisiront-elles librement de ne pas écouter ? Absolument.

Peut-être que le Père est partial dans sa manière ? Plusieurs passages bibliques fournissent un aperçu des méthodes d'enseignement du Père. Un regard plus attentif révèle que le Père enseigne l'humanité de plusieurs manières, principalement par Sa création (l'univers) et Sa Parole (la Bible).

Comme le roi David l'a déclaré dans Psaume 19:1–4 : « *Les cieux racontent la gloire de Dieu, Et l'étendue manifeste l'œuvre de ses mains. Le jour en instruit un autre jour, La nuit en donne connaissance à une autre nuit. Ce n'est pas un langage, ce ne sont pas des paroles Dont le son ne soit point entendu : Leur retentissement parcourt toute la terre, Leurs accents vont aux extrémités du monde, Où il a dressé une tente pour le soleil.* » *(LSG)*

Dans Romains 1:20, l'apôtre Paul fait également écho à cette idée de Dieu le Père enseignant l'humanité par la création, en déclarant : *« Car depuis la création du monde, les qualités invisibles de Dieu— sa puissance éternelle et sa nature divine — ont été clairement vues, étant comprises à partir de ce qui a été fait, de sorte que les hommes sont sans excuse » (BDS)*.

L'utilisation de Sa Parole par le Père comme moyen principal d'instruction de l'humanité est évidente dans toute la Bible. Par exemple, Dieu a enseigné Israël par sa Parole, notamment sous la forme de la loi écrite donnée à Moïse, ainsi que par des commandements communiqués oralement par les prophètes. Jésus-Christ — la Parole de Dieu faite chair — constitue le moyen ultime par lequel le Père enseigne l'humanité.

Dans Hébreux 1:1–2, l'apôtre Paul déclare : *« Après avoir autrefois, à plusieurs reprises et de plusieurs manières, parlé à nos pères par les prophètes, Dieu, dans ces derniers temps, nous a parlé par le Fils, qu'il a établi héritier de toutes choses, par lequel il a aussi créé le monde » (LSG)*. Ce passage confirme que Dieu instruit l'humanité de manière définitive à travers Jésus-Christ, Son Fils.

Le Seigneur Jésus lui-même l'affirme dans Jean 7:16–17 : *« Mon enseignement n'est pas le mien. Il vient de celui qui m'a envoyé. Si quelqu'un choisit de faire la volonté de Dieu, il découvrira si mon enseignement vient de Dieu ou si je parle par moi-même » (BDS)*.

Il réitère cela dans Jean 14:24 : *« Celui qui ne m'aime pas ne garde point mes paroles. Et la parole que vous entendez n'est pas de moi, mais du Père qui m'a envoyé » (LSG)*. Donc, si les principaux moyens par lesquels le Père enseigne l'humanité, Sa création visible et Sa Parole écrite, sont largement accessibles aujourd'hui, pourquoi certains croient-ils tandis que d'autres ne croient pas ? Je soutiens que la responsabilité incombe à l'Homme. Vous êtes-vous déjà demandé pourquoi le dernier commandement du Seigneur Jésus à ses disciples était d'aller dans le monde, de faire des disciples et de leur enseigner à mettre en pratique ce qu'ils avaient appris ? Sans doute parce qu'il s'agissait de la tâche la plus importante qu'il voulait que les disciples accomplissent après son départ de la Terre ? Je suis convaincu de l'importance de ce commandement, étant donné les tragédies que le Seigneur savait devoir s'abattre sur Ses disciples dans l'accomplissement de cette mission.

Le Seigneur Jésus aurait-il envoyé ses disciples bien-aimés à une mort souvent atroce sans raison valable ? « Absolument pas ! », vous pourriez répondre. Eh bien, c'est ce que l'on sous-entendrait par une déclaration suggérant que Dieu le Père aurait décidé, avant la fondation du monde, qui parmi nous irait au ciel et qui serait condamné à l'enfer. Il ne serait pas nécessaire d'aller dans le monde et de prêcher à quiconque, parce que le Père aurait déjà scellé le destin de chaque être humain vivant. Nous reviendrons sur ce point concernant la Grande Commission dans les sections suivantes de ce chapitre.

Il est intéressant de noter que l'apôtre Paul, dont certains écrits ont alimenté la controverse autour de la prédestination, est en accord avec l'enseignement du Seigneur Jésus sur ce processus. Il fournit une explication complémentaire dans les versets suivants trouvés dans 2 Thessaloniciens 2:13–14 : *« Mais nous devons toujours remercier Dieu pour vous, frères aimés du Seigneur, parce que depuis le début, Dieu vous a choisis pour être sauvés par l'œuvre sanctifiante de l'Esprit et par la croyance en la vérité. Il vous a appelés à cela par notre évangile, afin que vous puissiez participer à la gloire de notre Seigneur Jésus-Christ »* (BDS).

L'apôtre Paul transmet clairement que, dès l'origine, Dieu a établi des plans pour sauver les croyants « par l'œuvre sanctifiante de l'Esprit et par la croyance en la vérité ». Il explique que c'est par l'Évangile que Dieu appelle chaque humain au salut, afin qu'il puisse « participer à la gloire de notre Seigneur Jésus-Christ ». En d'autres termes, l'Évangile est le moyen par lequel Dieu instruit les incroyants.

La réponse de l'incroyant à l'Évangile, c'est à dire « la croyance en la vérité », détermine finalement si la personne bénéficiera du plan préétabli de Dieu, qui est de « participer à la gloire de notre Seigneur Jésus-Christ », ou si elle sera condamnée à une séparation éternelle loin de Dieu.

Il convient enfin de noter que l'œuvre sanctifiante du Saint-Esprit concerne exclusivement le croyant et n'intervient pas dans le processus par lequel Dieu le Père attire les enfants incroyants de l'homme.

* * *

Ayant examiné plusieurs versets de la Bible relatifs à la prédestination, nous sommes maintenant équipés pour examiner les détails du processus par lequel les plans préétablis de Dieu sont rendus effectifs dans la vie des humains. À cette fin, méditons un peu sur la déclaration explicative du Seigneur Jésus-Christ dans Jean 6:45. Quelle est l'importance de cette déclaration par rapport au passage précédent de Jean 6:37–45 ? Dans ce passage clé, le

Seigneur explique en réalité le concept de prédestination — également connue sous le nom d'élection — qu'Il a introduite dans Jean 6:37–45. Un examen de la déclaration du Seigneur révèle trois aspects cruciaux du processus de prédestination : (1) le rôle de Dieu le Père, (2) la portée du processus, et (3) la responsabilité de l'Homme.

1. Le Rôle du Père

Jean 6:45 explique le processus par lequel Dieu le Père conduit quelqu'un à la foi salvifique dans le Seigneur Jésus-Christ. Dans ce verset, le Seigneur Jésus déclare que son Père attire quelqu'un au Sauveur par le biais d'une connaissance du Christ qui favorise la foi et qui est transmise par l'enseignement. En effet, *« Comment donc invoqueront-ils celui en qui ils n'ont pas cru ? Et comment croiront-ils en celui dont ils n'ont pas entendu parler ? Et comment en entendront-ils parler, s'il n'y a personne qui prêche ? » (Romains 10:14, LSG)*

2. La Portée du Processus

La prédestination soulève des implications doctrinales profondes sur la perception de la justice de Dieu. Dans l'esprit de beaucoup de personnes, elle a été obscurcie par la question de longue date : Dieu le Père attire-t-il certains à la vie éternelle en Christ tout en laissant d'autres périr en enfer. Répondre à cette question dépeint de manière affirmative reviendrait à présenter Dieu, le père infiniment juste, comme étant totalement injuste.

À travers les Écritures, nous savons que le Père est un Dieu de justice ; en effet, il est si juste qu'il ne peut jamais laisser le péché impuni ; au point où il a dû livrer son Fils à la mort par crucifixion pour satisfaire sa propre nature infiniment juste. Notez qu'en agissant ainsi, le Père ne cherchait à apaiser personne d'autre que lui-même ; c'est dire à quel point il est étonnamment juste ! Par conséquent, cette question récurrente doit recevoir une réponse négative. Elle doit en effet être répondue par la négative, car le Seigneur Jésus, parlant des enfants de l'Homme, a fait écho au prophète Isaïe en disant : « Ils seront tous enseignés de Dieu. » (Jean 6 :45, LSG)

Un pasteur que j'ai connu il y a de nombreuses années disait : « 'TOUS' signifie tous ; et c'est tout ce que 'TOUS' signifie. » Cela va sans dire que, sans exception, Dieu le Père enseigne tous les enfants de l'Homme. En d'autres termes, Il attire toute l'humanité. En fait, il enseigne et attend que les enfants de l'Homme répondent à son enseignement. 2 Pierre 3:9 déclare : *« Le Seigneur ne tarde pas dans l'accomplissement de la promesse, comme quelques-uns le croient ; mais il use de patience envers vous, ne voulant pas qu'aucun périsse, mais voulant que tous arrivent à la repentance. » (LSG)*

3. **La Responsabilité de l'Homme dans le Processus de Prédestination**

Comme l'a déclaré le Seigneur Jésus dans Jean 6:45, parlant des non-croyants : *« Ils seront tous enseignés de Dieu. Quiconque écoute le Père et apprend de lui vient à moi » (LSG)*. Il est clair que le non-croyant a une responsabilité dans le processus d'élection : celle d'écouter « le Père et apprendre de lui ».

Le Seigneur Jésus indique que quiconque assume cette responsabilité vient inévitablement à lui. Examinons attentivement ce qu'il veut dire par « écouter et apprendre du Père ». Cette écoute et cet apprentissage sont une réponse à l'enseignement du Père ; ils impliquent une obligation morale d'agir selon les instructions de Dieu en acceptant Son plan de salut pour l'humanité. On pourrait soutenir que la capacité d'écouter le Père et d'apprendre de lui n'est accordée par le Père qu'aux élus. Un tel argument est fondamentalement erroné en vue de Romains 1:20, où l'apôtre Paul affirme que la puissance éternelle et la nature divine de Dieu sont évidentes depuis le commencement, « étant compris à partir de ce qui a été fait, de sorte que les hommes sont inexcusables. »

Cet argument contredit également 2 Pierre 3:9, où l'apôtre Pierre dit : *« Le Seigneur ne tarde pas dans l'accomplissement de la promesse, comme quelques-uns le croient ; mais il use de patience envers vous, ne voulant pas qu'aucun périsse, mais voulant que tous arrivent à la repentance. » (LSG)*. Pierre voulait-il dire : « tous ceux qui ont été choisis auparavant arrivent à la repentance » ? Non, la déclaration de Pierre est claire : Le Seigneur désire que chacun vienne à la repentance et soit sauvé.

Une Vue Hérétique de la Prédestination

La question de la prédestination par rapport au libre arbitre est peut-être l'un des sujets bibliques les plus difficiles de tous les temps. Cependant, notre manque de compréhension du sujet ne devrait pas nous amener à accepter des propositions qui sont clairement en contradiction avec plusieurs enseignements bibliques fondamentaux déjà bien compris ou confondent ceux-ci. Une vue de la prédestination comme une sélection concrète d'individus, plutôt qu'une institution de critères de sélection et de plans associés, est une telle proposition. Le problème avec ce point de vue est qu'il mène à la conclusion nécessaire que Dieu tout-puissant, le juge de toute la terre, a condamné injustement certaines personnes à l'enfer, et qu'elles n'échapperont pas à leur destin quel que soit le type de vie qu'elles vivent sur Terre. Pire encore, une telle proposition nous dépouille de notre compréhension fondamentale de plusieurs, sinon de la plupart, des Écritures. Considérons quelques-unes de ces écritures dans les paragraphes suivants.

Dans Jean 3:16–18, Jésus a dit :

> *Car Dieu a tant aimé le monde qu'il a donné son Fils unique, afin que quiconque croit en lui ne périsse point, mais qu'il ait la vie éternelle. Dieu, en effet, n'a pas envoyé son Fils dans le monde pour qu'il juge le monde, mais pour que le monde soit sauvé par lui. Celui qui croit en lui n'est point jugé ; mais celui qui ne croit pas est déjà jugé, parce qu'il n'a pas cru au nom du Fils unique de Dieu. (LSG)*

Quel que soit ce que le Seigneur voulait dire par « croyance » dans ce passage, il en est clair que le plan du salut par la foi en Lui-même s'étend à tout le monde, pas seulement à certaines personnes présélectionnées. L'argument pourrait être tenu que la foi salvifique est un don de Dieu. Oui, elle l'est, dans le sens que Dieu est le Créateur. Il a créé l'Homme avec la capacité de foi. Il suffit d'un peu de réflexion pour réaliser que nous avons tous la capacité de croire. Dieu nous a créés avec la capacité de prendre librement un engagement inconditionnel à l'aimer et à marcher avec lui.

Le problème de l'Homme n'est pas qu'il est incapable de foi ; c'est plutôt que sa foi est en quelqu'un ou quelque chose d'autre que le Créateur. Dans Jean 3:16–18, le Seigneur Jésus-Christ présente un acte d'accusation pour tous ceux qui ont mal placé leur foi. Est-il fourbe en blâmant les créatures de ne pas faire ce qui est juste, sachant bien qu'elles ont été créées sans la capacité de faire autrement ? Dieu nous en préserve ! L'Homme a la responsabilité de prendre au sérieux le plan de salut de Dieu et de répondre à l'Évangile par un engagement inébranlable envers Jésus-Christ.

* * *

En outre, une vision de la prédestination comme une sélection concrète d'individus anéantit également notre compréhension de la Grande Commission. Avant de monter au ciel, le Seigneur Jésus a dit à ses disciples : « *Tout pouvoir m'a été donné dans le ciel et sur la terre. Allez, faites de toutes les nations des disciples, les baptisant au nom du Père, du Fils et du Saint Esprit, et enseignez-leur à observer tout ce que je vous ai prescrit. Et voici, je suis avec vous tous les jours, jusqu'à la fin du monde.* » *(Matthieu 28:18–20, LSG)*

Depuis lors, des efforts et des ressources considérables ont été consacrés à l'accomplissement de ce commandement du Seigneur. Aurait-t-il envoyé ses disciples comme « des brebis au milieu des loups » pour une cause sans conséquence, puisque ceux qui étaient condamnés dès le début iraient en enfer, indépendamment de l'obéissance des apôtres à son commandement ? Absolument pas !

Les paroles de l'apôtre Paul dans 2 Thessaloniciens 2:13–14 nous disent que l'évangile est le canal par lequel Dieu appelle chacun au salut, afin qu'ils « puissent participer à la gloire de notre Seigneur

Jésus-Christ ». En d'autres termes, l'Évangile est le canal que Dieu utilise pour enseigner les incroyants. La réponse appropriée de l'incroyant à l'Évangile, qui est de croire « en la vérité », détermine finalement si cette personne bénéficie des plans préétablis par Dieu, c'est-à-dire la participation « à la gloire de notre Seigneur Jésus-Christ. »

D'une part, une réponse positive, marquée par l'acceptation, accorde à l'incroyant le privilège de participer à la gloire éternelle du Seigneur Jésus-Christ, c'est-à-dire, la vie éternelle. D'autre part, une réponse négative à l'Évangile, c'est-à-dire un refus de croire en la vérité, condamne l'incroyant à l'enfer, c'est-à-dire à la séparation éternelle de Dieu.

Une Vue Biblique Appropriée de la Prédestination

Tel qu'il est mentionné dans le texte biblique, la prédestination fait référence à la sagesse infinie de Dieu, Créateur omniscient, qui a établi les critères de la vie éternelle dans Son royaume et a préparé des plans destinés à ceux de la descendance d'Adam qui choisissent librement de s'engager fermement dans la vie en Son Fils, Jésus-Christ. « En français, s'il vous plaît ! », pourraient dire certains. L'analogie suivante devrait aider à clarifier ce que je veux dire.

Imaginons que le ministère de la santé publique d'un État hypothétique, désireux d'atténuer une épidémie mortelle, décide de défendre la gratuité des soins médicaux à tous ses résidents. L'État offre tous les services de santé gratuitement à chaque patient, le seul critère de qualification pour recevoir le traitement nécessaire étant le consentement du patient. Certaines personnes, désirant une protection contre la maladie, acceptent l'offre de l'État malgré les effets secondaires mineurs et temporaires, entièrement divulgués par le Département de la santé publique. Ces résidents récoltent les bénéfices de santé promis des thérapies administrées. D'autres, jugeant que les avantages des thérapies ne valent pas la peine des effets secondaires, choisissent de refuser l'offre de l'État et, par conséquent, ne se soumettent à aucune des thérapies proposées, malgré la menace imminente de mort due à la maladie.

Peut-on dire que le ministère de la santé publique a prédestiné les résidents à profiter des avantages que l'État a gratuitement offerts ? Oui. Tous les résidents de l'État sont-ils capables et libres d'accepter l'offre de l'État ? Oui. Chaque résident a-t-il une responsabilité de faire le choix pour une vie saine et efficace en acceptant l'offre de l'État ? Oui. La même chose s'applique aux élus concernant l'offre de salut de Dieu.

Néanmoins, certains pourraient toujours poser les questions suivantes : Comment un Dieu d'amour peut-Il permettre qu'une personne aille en enfer ? L'idée même que Dieu permette un destin aussi horrible pour certains, indépendamment de leurs choix, n'est-elle pas contradictoire avec l'essence d'un Dieu qui proclame être amour ? Ce sont là des questions justes que la plupart des personnes, désirant être chrétiennes, sont amener à poser tôt ou tard. Ils peuvent ne pas exprimer ces préoccupations selon l'ethos (coutume) de l'église qu'elles fréquentent, mais cela ne diminue pas l'importance de ces questions au fondement de leur foi. Il est donc crucial que même les chrétiens pratiquants soient autorisés, avec amour, à poser ces questions sans être dédaignés. Nous aborderons ces interrogations plus en détail dans la suite de ce chapitre.

Permettez-moi de commencer par énoncer la conclusion de ma propre lutte passée avec ces questions séculaires : Dieu n'envoie personne en enfer. Si vous n'êtes pas du tout d'accord avec ma conclusion, peut-être que vous avez des raisons légitimes que je ne pourrai jamais connaître ou comprendre. Néanmoins, je vous encourage à continuer à lire afin que nous puissions ensemble examiner, à la lumière de l'essence de l'humanité, le raisonnement menant à ma conclusion énoncée.

Nous devrions nous rappeler que Dieu a créé les humains entièrement libres de choisir, entre la vie éternelle et la mort. La vie éternelle est une existence perpétuelle vécue en harmonie et en communion avec Dieu. En revanche, la mort est une existence perpétuelle séparée de Dieu.

Chacun de ces choix entraîne de grandes conséquences, bonnes ou mauvaises. La Parole de Dieu enseigne qu'en plus de passer l'éternité avec Lui, Dieu promet une libération éternelle de la condition humaine et de toutes les douleurs et souffrances relatives.

La Bible démontre également que Dieu a averti l'humanité des conséquences désastreuses du choix de la mort depuis le temps d'Adam et Ève au jardin d'Éden. On pourrait soutenir qu'il serait injuste pour nous de blâmer Dieu pour notre choix de la mort plutôt que de la vie. Cependant, la prémisse de notre blâme va beaucoup plus loin : pourquoi le Dieu d'amour omniscient a-t-il même rendu le choix de la mort possible pour l'humanité ?

Pourquoi a-t-il créé l'Homme avec la capacité de choisir la mort ? N'aurait-il pas pu faire autrement ? Bien sûr qu'il aurait pu ! Cependant, la véritable question est la suivante : si Dieu avait créé l'Homme différemment, les humains seraient-ils toujours humains ? En tant qu'humains, remplirions-nous encore les critères divins qui ont motivé la création de l'humanité en premier lieu ? Auraient-ils encore été capables d'aimer vraiment ? La beauté et la bienveillance de l'amour portent-elles toute son importance sans la possibilité de haine ? Pour tenter de répondre à ces questions, examinons le concept de liberté dans un contexte biblique.

Les Américains considèrent la liberté comme un droit inaliénable ; il y a une sagesse biblique dans cette perspective. En effet, la liberté est un droit inaliénable : c'est une condition préalable nécessaire à ce qu'être pleinement humain signifie. Sans liberté, les humains ne peuvent pas accomplir leur nature et but essentiels prédéfinis ; ceux d'être capables d'aimer véritablement et de vivre une relation d'amour avec Dieu. Comme nous l'avons expliqué dans les chapitres précédents, l'amour vrai ne peut être qu'un cadeau, donné du cœur et en toute liberté, d'une personne à une autre. En ce sens, la conformité forcée, que ce soit par force ou nécessité, n'est pas de l'amour dans le sens biblique.

Nous pouvons comprendre intuitivement ce couplage inhérent de la liberté et de l'amour en considérant nos relations, si elles peuvent être caractériser comme telles, avec des choses familières et conformes que nous possédons. Considérez le moment où vous avez acquit une voiture ou une motocyclette toute neuve. Quelle que soit votre destination, le véhicule démarre, fonctionne parfaitement et s'arrête exactement comme vous le lui demandez. Il s'arrête lorsque vous lui demander de s'arrêter en appliquant les freins, et il accélère lorsque vous appuyez sur la pédale d'accélérateur. Si vous avez possédé une telle voiture ces dernières années et qu'elle avait un climatiseur automatique, le climatiseur s'était allumé lorsqu'il commençait à faire trop chaud et s'était arrêté lorsqu'il commençait à faire trop froid, etc.

Nous n'avons fait ici qu'effleurer les capacités automatisées de ces machines. Pourtant, malgré tous leurs services utiles, parfois vitaux, nous ne prétendons généralement pas sincèrement avoir des relations d'amour avec de tels objets. Nous ne faisons pas de telles affirmations parce que nous savons que ces objets sont des machines, en d'autres termes, des automates. Une voiture parfaitement fonctionnelle ne peut jamais décider de désobéir à son opérateur. Elle n'exécute que les fonctions pour lesquelles elle a été conçue. Les robots, aussi performants soient-ils, sont fondamentalement conformes : ils ne peuvent ni aimer, ni être aimés.

Considérant la nature inhérente de la liberté en tant que facteur essentiel et déterminant du véritable amour, la réponse convaincante à la question de savoir si l'amour peut exister sans liberté est un « NON ! » retentissant. Alors, est-ce que Dieu aurait pu créer des robots à la place des humains ? Oui, Dieu est tout-puissant, et peut faire tout ce qu'il désire pour accomplir ses desseins divins, y compris accorder une liberté de choix totale à l'humanité. Ce que Dieu ne peut pas faire, c'est contredire son propre objectif déterminé. Or, forcer les humains à se conformer à Sa volonté aurait précisément anéanti le but pour lequel ils ont été créés

CHAPITRE 6

LE PÉCHÉ
Exercice Malavisé du Libre Arbitre

Le péché est l'un des sujets les plus discutés dans la Bible. Il est référencé plus de 954 fois, de diverses manières : au moins 808 fois dans l'Ancien Testament et 146 fois dans le Nouveau Testament. Pour toute personne désireuse de prendre des décisions déterminantes concernant sa vie, comprendre la notion biblique du péché serait un aspect critique du processus de conversion au christianisme, et ce, pour de bonnes raisons. Il suffit, par exemple, de lire les livres de la Genèse et de Jean pour arriver à la conclusion que, sans l'existence du péché, il n'y aurait pas besoin de salut et une grande partie de la souffrance que l'humanité endure n'aurait pas survenu.

Cela soulève les questions suivantes : Le Dieu omniscient, tout-puissant, et parfait, a-t-il commit une erreur en créant l'Homme avec la possibilité de commettre le péché ? Ne savait-il pas ce qui arriverait à sa création si l'Homme venait à pécher ? En effet, Dieu a mis la chose même qui a aidé à l'aboutissement du péché dans l'entourage de l'Homme – *« l'arbre de la connaissance du bien et du mal »* (*Genèse 2:9 LSG*) – dans « la cour d'Adam », le jardin d'Éden. Ce sont là des questions légitimes, qui méritent des réponses raisonnables. L'objectif de ce chapitre est de fournir un exposé du péché dans une perspective biblique, tout en répondant de manière logique aux questions qui peuvent éventuellement être soulevées dans l'esprit des lecteurs curieux. Commençons par la plus fondamentale de ces questions, à savoir, qu'est-ce que le péché ?

Le texte biblique se réfère principalement aux questions relatives au péché avec des mots tels que transgression(s), offense(s), iniquité, péché ou péchés. Chacun de ces termes met en lumière un aspect particulier de la réalité du péché. « Transgression » décrit une attitude du cœur qui consiste en une révolte spirituelle ou une rébellion contre Dieu, indépendamment des actions résultantes du transgresseur. « Offense » caractérise une trahison, un mensonge, une violation, une infraction, ou une culpabilité par rapport à des actions enracinées dans un cœur transgressif. Le terme « péchés », au pluriel, est souvent utilisé pour exprimer une combinaison de transgressions et d'offenses. « L'iniquité », quant à elle, est utilisée pour transmettre la perversité, la dépravation morale, le mal, ou la malhonnêteté réalisée concrètement à travers une multitude de transgressions.

Le mot « péché », au singulier, est principalement utilisé – surtout dans le Nouveau Testament – pour désigner une infraction ou exprimer un état de péché (habituel). La définition du péché dans la Bible peut être résumée comme l'état de porter le blâme ou la culpabilité devant Dieu.

Origine et Inhérence Nécessaire du Péché

Depuis l'origine, l'humanité a souvent cherché à attribuer au Créateur la responsabilité de l'existence du péché et de ses conséquences désastreuses. Dans Genèse 2:16–17, le Seigneur Dieu avertit clairement Adam – le premier être humain – en lui disant : *« Tu pourras manger de tous les arbres du jardin ; mais tu ne mangeras pas de l'arbre de la connaissance du bien et du mal, car le jour où tu en mangeras, tu mourras. »* (LSG).

C'était un avertissement clair et sévère pour le protéger des conséquences désastreuses du péché. Pourtant, après avoir désobéi au commandement de Dieu, lorsque Dieu demanda à Adam s'il avait mangé du fruit de l'arbre de la connaissance du bien et du mal, il répondit : *« La femme que tu as mise auprès de moi m'a donné de l'arbre, et j'en ai mangé » (Genèse 3:12, LSG).* Il a totalement rejeté la faute sur Dieu pour avoir mis la femme dans le jardin avec lui. Depuis l'époque d'Adam jusqu'à ce jour, l'humanité n'a pas cessé de blâmer Dieu pour ses actes pécheurs et les conséquences qui en résultent.

La plupart des gens, y compris les chrétiens, ont tendance à poser des questions accusatoires, telles que : « Comment un Dieu d'amour peut-il permettre autant de souffrance dans le monde ? » Comment un Dieu juste peut-il permettre que de si mauvaises choses arrivent à de bonnes personnes ? La vraie question derrière celles-ci est : « Comment un Dieu d'amour, juste, omniscient, et tout-puissant peut-il blâmer l'Homme pour le péché après l'avoir créé avec la capacité de pécher ? »

Sauf si des réponses qui justifient raisonnablement cet état de choses peuvent être trouvées, ces questions peuvent saper le fondement de la foi en Dieu au point de jeter le doute sur l'existence entière d'un Créateur. Malheureusement, ces questions cruciales sont souvent considérées comme hérétiques dans certains milieux chrétiens. La vérité est que les ignorer laisse même le chrétien mature dans un état de servitude spirituelle. Le besoin de réponses adéquates est encore plus critique pour la foi émergente de potentiels et nouveaux croyants dans leurs quêtes de réponses à ces questions spirituelles.

Qui est à Blâmer ?

Nous ne pouvons pas répondre logiquement à cette question sans une compréhension plus profonde de la raison pour laquelle le péché devait faire partie de l'équation dans la création de l'Homme. Dans les premiers chapitres de ce livre, nous avons établi que les humains ont été créés comme des « agents totalement libres », destinés à vivre une relation d'amour avec Dieu. Nous avons également expliqué que l'amour de type agapè, requis entre les humains et Dieu, ne peut être produit par la coercition, la corruption, ou la tromperie, car il est motivé par une gentillesse sincère et une faveur injustifiée envers le bénéficiaire.

Bien que Dieu aurait pu créer l'Homme incapable de ressentir autre chose que de l'affection envers Lui, un tel choix aurait dépouillé l'Homme de son humanité : sa capacité d'aimer vraiment du fond du cœur. Sans l'option de ressentir de la haine envers Dieu, l'amour pour Lui serait un conditionnement inné, et non un amour authentique. La capacité de l'humanité d'aimer ou de ne pas aimer résulte intrinsèquement du libre arbitre, qui est l'essence même de l'être humain. Par conception, il est impossible pour les humains d'aimer sincèrement et, en même temps, d'être incapables de choisir de faire autrement. Le fait que les humains puissent choisir de désobéir à Dieu n'est pas le résultat d'un défaut de conception imprévu dont Dieu devrait être tenu responsable. Il s'agit d'une caractéristique inhérente et essentielle de l'humanité. Sans cette capacité de choix libre, l'Homme cesserait d'être humain. Par conséquent, nous ne pouvons pas blâmer légitimement Dieu pour la capacité de l'Homme à pécher. Avec cette capacité, les humains ont été créés avec le plein pouvoir et la capacité indépendante de choisir le péché ou la droiture.

Pratique du Péché

Selon la Bible, le péché désigne tout acte ou décision – ou l'absence de ceux-ci – que l'on entreprend contre la volonté de Dieu. En tant que tel, il y a des péchés de commission et des péchés d'omission. Les péchés du premier type sont des actes commis ou des décisions prises en désobéissance à la volonté de Dieu, telle qu'exprimée dans sa Parole ou naturellement révélée par les merveilles de l'univers, Sa création. Les péchés d'omission, quant à eux, consistent à ne pas prendre des décisions ou des mesures justes lorsqu'on est conscient de circonstances qui l'exigent. On pourrait penser qu'éviter intentionnellement la prise de conscience permettrait d'échapper aux péchés d'omission. Pourtant, ce raisonnement comporte un piège : la décision même d'éviter d'être averti d'une situation afin d'éviter d'agir ou de prendre des décisions relatives est un péché de commission. Il n'y a aucune échappatoire morale.

D'un point de vue séculier et culturel, un acte n'est considéré comme mauvais que lorsqu'il entraîne une certaine perte pour une personne, la société, l'environnement, etc. La norme de Dieu va bien au-delà des actions pour englober les décisions mêmes d'agir, quelle que soit l'opportunité – ou l'absence d'opportunité – pour concrètement poser de telles actions. C'est le principe biblique que le Seigneur Jésus enseigne dans Matthieu, chapitre 5.

Il est important de préciser que de simples pensées ne sont pas coupables jusqu'à ce qu'une décision soit prise pour les entretenir ou agir en conséquence. Nous devrions également reconnaître que les actions seules, sans intention, ne constituent pas toujours un péché. Aux yeux de Dieu, l'intention qui motive l'action est déterminante. Si ce n'était pas le cas, des situations absurdes s'ensuivraient ; par exemple, les gynécologues mâles mariés commettraient l'adultère plusieurs fois par jour, tous les jours ouvrables de la semaine. En revanche, la décision d'interagir avec ou de fantasmer sur quelqu'un d'autre que son conjoint est une immoralité sexuelle aux yeux de Dieu, dès lors qu'elle vise à satisfaire un désir sexuel.

Apprécier la beauté d'une personne ne devient pas un péché jusqu'à ce que l'on commence à entretenir des pensées lubriques au-delà de la simple appréciation. De même, décider de tuer quelqu'un est un meurtre aux yeux de Dieu, que l'acte se produise physiquement ou non. En fin de compte, tout revient à la décision intérieure d'agir ; que l'action soit concrètement menée ou pas importe peu. Être en colère contre quelqu'un ne devient pas un péché tant qu'aucune décision n'est prise pour lui nuire. Regarder quelqu'un souffrir injustement ne devient pas un péché tant que l'on n'a pas choisi délibérément d'ignorer sa détresse.

Effets du Péché

Les effets évidents du péché sont visibles un peu partout dans notre entourage. Si vous n'en convenez pas, regardez simplement les reportages d'actualité sur votre télévision ou votre portable pendant quelques minutes et vous serez bientôt convaincu. Ainsi, nous n'en discuterons pas davantage dans ce livre. Nous allons plutôt concentrer notre analyse sur les subtilités des passages bibliques qui traitent des effets du péché. Commençons par Genèse 1:27, qui déclare : *« Dieu créa les hommes de sorte qu'ils soient son image, oui, il les créa de sorte qu'ils soient l'image de Dieu. Il les créa homme et femme » (BDS)*.

Genèse 5:1–2 réaffirme cette vérité : *« Quand Dieu créa les êtres humains, il les fit de telle sorte qu'ils lui ressemblent. Il les créa homme et femme, il les bénit et leur donna le nom d'hommes le jour où ils furent créés » (BDS)*.

Le terme clé que nous devons comprendre dans ces passages est « image » (également désigné par « ressemblance »). Cette ressemblance « ne consiste pas en une forme corporelle ; elle ne peut résider que dans des qualités spirituelles, dans les attributs mentaux et moraux de l'homme en tant qu'agent personnel conscient de soi, rationnel, capable de détermination personnelle et d'obéissance à la loi morale. »[5]

Les passages bibliques référencés indiquent clairement qu'Adam et Ève ont été créés à l'image de Dieu. En revanche, *« Adam, âgé de cent trente ans, engendra un fils à sa ressemblance, selon son image, et il lui donna le nom de Seth » (Genèse 5:3, LSG)*. Notez la différence entre Adam, Ève, et leur fils Seth, en termes d'image qu'ils portaient. Adam et Ève ont été créés à l'image de Dieu lui-même, mais ils ont eu Seth à l'image d'Adam. Quelle est la différence ? Une lecture informelle de ces passages pourrait suggérer qu'ils disent la même chose parce que Seth, en tant

---

[5]Texte original : « does not consist in bodily form; it can only reside in spiritual qualities, in man's mental and moral attributes as a self-conscious, rational, personal agent, capable of self-determination and obedience to moral law »
Orr, James, M.A., D.D., General Editor. *« Entry for: GOD, IMAGE OF »*. *« International Standard Bible Encyclopedia »*.1915

qu'humain, portait également l'image de Dieu. Cela est en partie vrai, mais pas entièrement exact.

Pourquoi les écritures ne disent-elles pas simplement : « Adam engendra un fils à l'image de Dieu » ? Un tel propos aurait été inexact parce que l'image d'Adam, au moment de la conception de son fils, ne reflétait plus fidèlement celle de Dieu. Le péché avait déjà terni et déformé l'image originale de Dieu qu'Adam et Ève avaient reçue à la création (voir Genèse 2). Par conséquent, Genèse 5:3 est très précis comme indiqué. Que pouvons-nous conclure de cette observation ? Les effets du péché des parents s'étendent bien au-delà du pécheur lui-même et de manières qu'on pourrait sous-estimer. Ils introduisent une corruption plus profonde dans l'être entier du pécheur sur le plan morale, psychologique, émotionnel, spirituel et parfois même physique.

Il est intéressant de réaliser que les résultats préliminaires de recherche séculaire[6] tendent vers cette conclusion. Ainsi, chaque péché commis par un parent altère davantage l'image corrompue de Dieu qu'il a reçue de ses parents à sa conception. Ce père passe ensuite cette image un peu plus corrompue à ses enfants. Ces derniers corrompent davantage ce qui reste de l'image de Dieu reçue de leurs parents, la dégradant encore un peu plus avec leurs propres péchés.

Ainsi, la dégénérescence progressive de l'image originale de Dieu, donnée à l'humanité lors de la création continue, se poursuit de génération en génération.

---

[6]Nagy A. Youssef et al., Les effets du traumatisme, avec ou sans SSPT, sur les altérations de la méthylation transgénérationnelle de l'ADN chez les descendants humains, Sciences du cerveau, mai 2018 ; 8(5) : 83.

Dans certains cercles chrétiens, les effets durables du péché qui se répercutent à travers les générations sont appelés « malédictions générationnelles ». La vérité est que l'effet cumulatif des péchés commis par les parents augmente la prédisposition de leurs descendants à répéter les mêmes péchés et en commettre plus encore. Par exemple, les descendants d'enfants maltraités sont plus susceptibles de devenir eux-mêmes violents. Il n'est donc pas étonnant que depuis le jour du péché d'Adam jusqu'à présent, le péché ait été perpétué à travers les générations de l'humanité.

La bonne nouvelle est que cette condition humaine n'est pas désespérée : les descendants des pécheurs ne sont pas destinés à répéter automatiquement les péchés de leurs parents ou en porter la responsabilité avec leurs propres enfants sans aucun choix. Le libre arbitre de chaque descendant existe toujours, permettant aux individus de faire de meilleurs choix, et d'éviter de répéter les péchés de leurs parents. L'exemple de Josias, le neuvième roi du Royaume du Nord d'Israël illustre parfaitement cette réalité (voir 2 Rois 21–22).

Le péché a causé douleur et souffrance à l'humanité depuis les jours d'Adam. Mais quel est son effet brutal final ?

Romains 6:23 déclare : *« Car le salaire du péché, c'est la mort ; mais le don gratuit de Dieu, c'est la vie éternelle en Jésus Christ notre Seigneur » (LSG)*. À partir de cette déclaration, nous comprenons que ceux qui ont reçu le don de Dieu, qui est la vie éternelle par la foi en Jésus-Christ, sont sauvés de l'effet ultime du péché : la séparation éternelle d'avec Dieu, communément appelée l'enfer. Cela signifie-t-il que les croyants sont immunisés contre les effets du péché ? En d'autres termes, les croyants possèdent-ils une sorte de « carte de sortie gratuite » face aux conséquences du péché ?

À la lumière de ce que la Bible nous enseigne sur le sacrifice rédempteur du Seigneur Jésus-Christ sur la croix, nous savons que les croyants sont sauvés de l'enfer. Néanmoins, ils vivent encore l'agonie que le fardeau du péché impose à toute la création. Les conséquences des péchés de l'humanité affectent les croyants aussi bien que les incroyants. Il est donc clair que les croyants ne sont pas protégés contre les effets naturels du péché. Cependant, il y a des controverses entourant les péchés des croyants. Les croyants peuvent-ils pécher sans conséquences ? Absolument pas ! Le même Dieu qui étend sa grâce infinie aux pécheurs est aussi infiniment juste. En fait, Il est tellement juste que, pour l'amour de sa propre justice, Il ne pouvait pas renoncer au sacrifice de Son Fils unique sur une croix romaine.

Considérons cet aspect de notre sujet pour un instant. Dieu est tout-puissant et suprême ; Il n'a pas de compte à rendre à un autre être que Lui-même. Par conséquent, Il aurait pu simplement pardonner le péché de l'humanité et épargner à Son Fils l'agonie de la croix, mais pouvait-Il ? Je dirais que sa nature infiniment juste ne tolérerait pas de simplement « balayer le péché de l'humanité sous le tapis ! ». Un prix devait être payé pour le mal fait afin que la justice infiniment parfaite de Dieu soit servie.

Ce que Dieu a fait sur la croix avec son Fils unique, Jésus-Christ, était uniquement pour apaiser sa propre colère et satisfaire l'impartialité de sa propre justice ! Il est donc délirant de penser qu'un croyant autoproclamé peut continuer à pécher par nonchalamment et échapper aux conséquences.

Les péchés repentis des croyants ne les condamneront pas à l'enfer. Christ en a payé le prix à la croix. Toutefois, le Seigneur châtie et corrige encore ses enfants rebelles, possiblement jusqu'à la mort physique (1 Corinthiens 11:30).

Le Remède Divin du Péché

L'homme est coupable et condamné sans espoir à la damnation éternelle. Mais gloire au Dieu omniscient qui, connaissant le destin de sa création bien-aimée, a fait des plans pour la racheter. Le terme biblique qui englobe l'ensemble de ce plan est le « salut » ! Ainsi, le salut n'est pas une solution improvisée après coup ; c'est un plan original, divinement conçu dès le début. C'était et c'est toujours l'intention de Dieu d'aborder l'effet ultime du péché sur l'humanité. En effet, par la foi en Jésus-Christ et par le sang qu'il a versé à la croix, Dieu a fourni un moyen pour chaque humain d'être acquitté du juste châtiment du péché – souffrance éternelle en enfer, loin de Dieu.

Ce plan divinement établi, dès le début, pour sauver ceux qui croient au Fils de Dieu, est ce que l'apôtre Paul appelle la prédestination ! Il ne s'agit pas d'un plan biaisé, conçu pour certaines personnes de partager la gloire du Christ dans le ciel tout en condamnant les autres à l'enfer même avant leur existence. Quel genre de juste Dieu ferait une telle chose ? Certainement pas le Dieu d'Abraham. Rappelons-nous qu'Abraham intercéda pour Sodome et Gomorrhe, et que Dieu était prêt à épargner ces villes entières s'il s'y trouvait seulement dix justes (Genèse 18:23–32). Dans le prochain chapitre, nous examinerons de plus près comment le plan de salut de Dieu est concrètement mis en œuvre dans la vie des êtres humains.

CHAPITRE 7

LE SALUT
Rétablissement de l'Image Divine Perdue

De l'Ancien au Nouveau Testament, la Bible fait à plusieurs reprises référence à la grâce salvatrice de Dieu : le salut. Dans ce chapitre, nous examinerons de plus près ce terme au microscope biblique, pour ainsi dire. Qu'est-ce que le salut ? Toutes les références au salut ont-elles la même signification à travers toute la Bible ? Probablement pas. Le terme salut est parfois utilisé pour désigner un don déjà fait ; à d'autres occasions, il est utilisé pour désigner une promesse. Ces différentes significations du salut sont-elles liées ? Si oui, quel est le rapport ? Le salut est-il gratuit ? Et comment recevons-nous le don et la promesse du salut ?

Le Salut n'est pas Gratuit : il est d'une Valeur Inestimable !

Dans le contexte biblique, le salut fait référence au processus que Dieu a établi pour sauver quiconque croit en Jésus-Christ. Cela étant dit, il est important de noter que le salut est un processus. Contrairement aux enseignements populaires diffusés dans de nombreuses églises aujourd'hui, ce n'est pas un événement qui se limite à un moment précis.

Il s'étend sur trois dimensions, passée, présente et futures, pour tous ceux qui placent leur foi en Christ. Quand le frère John Doe dit : « J'ai été sauvé le samedi 31 décembre 2016 », il exprime en réalité qu'il avait commencé à croire en Jésus-Christ mais qu'il l'a professé comme Seigneur et Sauveur pour la première fois ce jour-là. Les phases du salut sont clairement décrites dans les Écritures, et les érudits de la Bible s'y réfèrent comme justification, sanctification, et glorification.

Dans ce chapitre, nous examinerons ces phases à travers une étude des passages pertinents. En plus, nous explorerons la perspective du salut en tant que cadeau, et nous aborderons aussi la question souvent débattue : le croyant peut-il perdre son salut ?

* * *

Justification : Paiement pour le Châtiment du Péché

Un homme reconnu coupable d'un crime passible de la peine capitale se présente devant le tribunal pour être condamné à mort. À son grand étonnement, il entend le juge annoncer qu'un autre homme, inconnu du condamné, a volontairement demandé et obtenu le droit de supporter la peine à la place du condamné, avec la stipulation que le condamné soit totalement libéré de tout méfait, à condition qu'il accepte la proposition. L'homme accepte l'offre de l'inconnu, et il est alors déclaré libre et irréprochable aux yeux de la loi.

Du point de vue de Dieu, chaque descendant d'Adam est semblable à cet homme condamné, et Jésus-Christ est analogue à l'inconnu qui a donné sa vie pour justifier celle du condamné. Judiciairement, la justification est l'action de démontrer qu'une chose est juste ou raisonnable. D'un point de vue biblique, la justification désigne la position juste, devant Dieu, de celui qui croit en Son Fils, Jésus-Christ. C'est la première étape du plan de Dieu pour racheter l'humanité. Il l'accorde gratuitement à quiconque croit en Jésus-Christ, quelle que soit la gravité de ses péchés passés.

Quiconque croit que Jésus-Christ est mort et a versé son sang précieux pour la rémission des péchés est déclaré légalement juste par Dieu, le juge miséricordieux du monde. Notez que rien d'autre que l'amour incessant, la grâce et la miséricorde de Dieu envers l'humanité l'ont poussé à offrir une justification aux croyants. Comme l'affirme l'apôtre Paul : « *Il n'y a point de juste, Pas même un seul ; Nul n'est intelligent, Nul ne cherche Dieu : Tous sont égarés, tous sont pervertis ; Il n'en est aucun qui fasse le bien, Pas même un seul ;* » *(Romains 3:10–12, LSG).*

Par ailleurs, le Seigneur Jésus-Christ déclare dans Jean 3:16 que c'est l'amour de Dieu pour le monde qui l'a poussé à donner Son Fils pour le salut de ceux qui croient.

Dans Romains 3:23–25, l'apôtre Paul écrit :

> *Tous ont péché, en effet, et sont privés de la gloire de Dieu, et ils sont déclarés justes par sa grâce ; c'est un don que Dieu leur fait par le moyen de la délivrance apportée par Jésus-Christ C'est lui que Dieu a offert comme une victime destinée à expier les péchés, pour ceux qui croient en son sacrifice (BDS).*

Il est clair que l'humanité n'a aucune part dans l'origine de la justification. Avec peu de réflexion sur la question, nous en venons à comprendre que le Seigneur Dieu Tout-Puissant – propriétaire de l'univers, humanité comprise – n'a aucun besoin qu'Il ne puisse satisfaire de Lui-même, sans notre aide. Même s'il n'en était pas ainsi, le prix de la justification — c'est-à-dire, la mort du Fils de Dieu sur une croix romaine — est si élevé qu'aucun humain ne pourrait jamais le payer. Aucun humain ne possède quoi que ce soit d'assez précieux pour être échangé équitablement contre le sang du Fils de Dieu. Personne ne serait jamais justifié si Dieu exigeait un échange équitable. En revanche, Dieu offre une justification uniquement basée sur la foi dans le sacrifice de Son Fils. Elle est à la fois gratuite et d'une valeur inestimable. Pourtant, une question subsiste : le fait que l'humanité n'ait aucune implication dans la réalisation de la justification signifie-t-il que le salut, dans son ensemble, est gratuit ?

* * *

Sanctification : Réadaptation de l'Homme à la Vie Spirituelle

Le Nouveau Testament indique clairement que personne n'est sauvé sans la foi en Jésus-Christ. Nous comprenons également que la foi en Jésus-Christ exige qu'il soit accepté comme Seigneur et Sauveur, c'est-à-dire l'engagement de lui obéir et vivre selon le mode de vie qu'il a prescrit.

Le Seigneur Jésus lui-même a dit que la croyance en lui a un coût (Luc 14:28–33) ; quiconque a déjà vécu la vie chrétienne ne pourrait en être plus d'accord sur ce point. Cela signifie-t-il qu'on obtient le salut en échange de coût implicite et notre foi en Christ ? Non, absolument pas ! Comme nous l'avons discuté dans les paragraphes précédents, la justification est la première étape du salut, et elle n'a pas de prix. Par conséquent, aucune revendication ne peut être faite légitimement concernant le salut chrétien. Néanmoins, le salut englobe l'étape de la sanctification, un processus qui nécessite la participation humaine et avec des exigences qui sont constamment en conflit avec la nature déchue de l'Homme.

La sanctification est le processus conçu par Dieu pour restaurer et permettre au croyant d'atteindre l'objectif principal du Créateur. Ce n'est pas un prix à payer pour être sauvé, bien que d'un point de vue humain, la sanctification exige des choix et des sacrifices qui sont déterminants dans la vie et totalement non naturel. Passons en revue certains de ceux-ci à travers les paroles du Seigneur Jésus.

Dans Luc 14:28–33, Il dit :

> *Car, lequel de vous, s'il veut bâtir une tour, ne s'assied d'abord pour calculer la dépense et voir s'il a de quoi la terminer, de peur qu'après avoir posé les fondements, il ne puisse l'achever, et que tous ceux qui le verront ne se mettent à le railler, en disant : 'Cet homme a commencé à bâtir, et il n'a pu achever ?' Ou quel roi, s'il va faire la guerre à un autre roi, ne s'assied d'abord pour examiner s'il peut, avec dix mille hommes, marcher à la rencontre de celui qui vient l'attaquer avec vingt mille ? S'il ne le peut, tandis que cet autre roi est encore loin, il lui envoie une ambassade pour demander la paix. Ainsi donc, quiconque d'entre vous ne renonce pas à tout ce qu'il possède ne peut être mon disciple (LSG).*

Dans le sermon sur la montagne, Jésus a également dit :

> *Vous avez entendu qu'il a été dit aux anciens : Tu ne tueras point ; celui qui tuera mérite d'être puni par les juges. Mais moi, je vous*

dis que quiconque se met en colère contre son frère mérite d'être puni par les juges ; que celui qui dira à son frère : 'Raca !' mérite d'être puni par le sanhédrin ; et que celui qui lui dira : 'Insensé !' mérite d'être puni par le feu de la géhenne... Vous avez appris qu'il a été dit : 'Tu ne commettras point d'adultère.' Mais moi, je vous dis que quiconque regarde une femme pour la convoiter a déjà commis un adultère avec elle dans son cœur... Vous avez appris qu'il a été dit : 'œil pour œil, et dent pour dent.' Mais moi, je vous dis de ne pas résister au méchant. Si quelqu'un te frappe sur la joue droite, présente-lui aussi l'autre. Si quelqu'un veut plaider contre toi, et prendre ta tunique, laisse-lui encore ton manteau. Si quelqu'un te force à faire un mille, fais-en deux avec lui. Donne à celui qui te demande, et ne te détourne pas de celui qui veut emprunter de toi. Vous avez appris qu'il a été dit : 'Tu aimeras ton prochain, et tu haïras ton ennemi.' Mais moi, je vous dis : Aimez vos ennemis, bénissez ceux qui vous maudissent, faites du bien à ceux qui vous haïssent, et priez pour ceux qui vous maltraitent et qui vous persécutent (Matthieu 5:21–22, 27–28, 38–44 LSG)

Sans doute, la sanctification implique un amour suprême pour Jésus, démontré par les choix de transformation de vie de la part du croyant. C'est dans ce sens que l'on perçoit son coût. Dans Romains 12:1, l'apôtre Paul décrit ce coût en termes d'offrir son être comme un sacrifice vivant. Néanmoins, le coût apparent de la sanctification n'est que perçu comme tel par l'humanité. Pour Dieu, la sanctification est un processus conçu uniquement pour restaurer et permettre au croyant d'atteindre l'objectif principal préétabli par le Créateur. Ce n'est pas un prix à payer pour obtenir le salut ; autrement, le brigand qui crut en Christ alors qu'ils étaient tous les deux cloués à la croix serait en enfer. Pourtant, Jésus promit d'être avec lui au paradis le jour même de leur crucifixion (Luc 23:43).

Que faut-il donc conclure ? La sanctification est-elle une étape facultative du salut ? Pas pour tout le monde ! Cela semble outrageusement injuste à la lumière des souffrances extrêmes et des morts que tant de chrétiens ont subies au cours de l'histoire et continuent d'endurer aujourd'hui au nom du Christ. Du point de vue de Dieu, cela n'est pas injuste.

Le Seigneur Jésus explique cette perspective dans la parabole du propriétaire foncier et des ouvriers embauchés, rapportée en Matthieu 20:1–15. Le point central de cette parabole est que le Seigneur gère les humains individuellement. Ce qu'Il nous a offert, et que nous avons accepté, constitue la promesse qu'Il s'engage à honorer, sans établir de comparaison avec ce qu'Il accorde aux autres. Ainsi, la sanctification est une étape indispensable du salut pour le croyant vivant, tout comme une journée de travail complète était nécessaire aux ouvriers embauchés tôt le matin pour recevoir leur salaire convenu.

Les croyants de ce côté de l'éternité doivent être engagés à obéir aux paroles de Jésus. Un manque d'engagement envers le Christ et sa Parole ne révèle qu'un manque de foi en Lui.

Les paroles de Jésus citées précédemment illustrent, en termes pratiques, comment les croyants doivent aimer Dieu et leur prochain : *« Tu aimeras le Seigneur, ton Dieu, de tout ton cœur, de toute ton âme, de toute ta force, et de toute ta pensée ; et ton prochain comme toi-même » (Luc 10:27, LSG)*. Par conséquent, tant que nous sommes vivants dans cette vie actuelle, nous devons nous soumettre à la sanctification comme le Seigneur Jésus nous l'a ordonné.

La sanctification est humainement impossible. Remercions Dieu pour le Saint-Esprit qui, par Sa puissance régénératrice, travaille continuellement à sanctifier le croyant par la purification de la Parole de Dieu et le renouvellement de sa pensée.

À ce sujet, j'ai connu un homme qui vivait dans un village africain il y a quelque temps. Il était né dans une société païenne, où le culte des esprits et la pratique de la sorcellerie étaient répandus, d'autant plus qu'il était le fils d'un chef de village. En réalité, l'homme avait même reçu le nom d'une puissante légion d'esprits que sa famille adorait depuis des générations avant sa naissance.

Dès son plus jeune âge, on lui enseigna que les esprits dont il portait le nom étaient les protecteurs de sa famille en général. En échange de leur protection, des règles strictes étaient imposées à tous les membres de la lignée : il leur était interdit d'aller dans leurs champs le vendredi, de manger des repas cuisinés par une femme pendant son cycle menstruel, de manger de la viande de tout oiseau de l'air ainsi que tout animal d'élevage, y compris poulet, bœuf, mouton, chèvre, porc, etc. Les seuls animaux volants qui n'étaient pas interdits pour eux étaient les chauves-souris jaunes d'Afrique.

La sanction prévue pour avoir désobéi à ces règles était la mort infligée par les esprits aux membres de la famille, sauf s'ils étaient apaisés de manière acceptable par des offrandes sacrificielles.

Depuis sa jeunesse, l'homme observait strictement ces mandats, en plus des offrandes prescrites, qu'il devait régulièrement fournir pour apaiser les esprits. Il s'était marié jeune et avait fondé une famille avec sa femme. Étant un praticien qualifié des rituels secrets de sa société, il avait également commencé à assumer ses responsabilités de dirigeant social. Il était un dirigeant du club de danse public du village et, à ce titre, il organisait et assistait régulièrement à des soirées avec ses amis. Il était un participant actif et très expérimenté dans les danses secrètes et les rituels associés. Il entretenait également plusieurs relations extraconjugales ; en plus de quelques maîtresses, plusieurs jeunes femmes rivalisaient ouvertement avec sa femme, attirées par son statut et son influence en tant que fils du chef.

Inutile de dire que l'homme n'avait pas connu Dieu dans sa jeunesse. Il appartenait à une grande famille composée d'une douzaine d'hommes et de quatorze femmes, tous installés dans un vaste complexe fondé par son père, le chef du village. Selon de nombreux critères sociaux de l'Afrique traditionnelle, il était privilégié et prospère. Pourtant, l'homme mourait intérieurement. Ses enfants mouraient les uns après les autres, de morts soudaines et mystérieuses, entre l'âge d'un et sept ans. Chaque décès s'accompagnait de l'obligation de fournir un bélier, un bouc, et plusieurs poules afin d'accomplir les sacrifices exigés pour apaiser les esprits.

Ainsi, l'homme ne perdait pas seulement ses enfants ; il voyait également ses moyens de subsistance s'épuiser. Il consulta tous les médiums spirituels qu'il put trouver, offrit tous les sacrifices qu'on lui demanda, et observa toutes les règles qui lui furent imposées. Pourtant, malgré tous ses efforts, ses enfants continuaient de mourir. Ces tragédies se succédèrent sur une période d'environ dix ans, au cours de laquelle il perdit quatre enfants.

Passant de nombreuses nuits sans sommeil, hanté par sa détresse familiale, il devint de plus en plus désespéré à la recherche d'une solution. Finalement, frustré et angoissé, l'homme prit une décision radicale : suivre le Christ. Un dimanche matin, il se leva tôt et alla à l'église CMA, nouvellement établie dans le village, sans révéler ses intentions à qui que ce soit, pas même à sa femme. Ce jours-là, il se convertit au christianisme. En rentrant de l'église, il informa sa femme de l'engagement qu'il venait de prendre pour suivre le Christ. Le dimanche suivant, elle l'accompagna à l'église et se convertit à son tour. Ensemble, ils commencèrent leur marche avec le Seigneur, résolus à ne plus jamais 'regarder en arrière'.

L'homme abandonna son héritage de culte des esprits en dépit des menaces et de l'ostracisme auxquels il fut confronté de la part de sa propre famille. Il abandonna son ancien mode de vie de fêtes, de soirées et de relations extraconjugales, pour se consacrer à son épouse et servir le Seigneur au mieux de ses connaissances. Il cessa de boire de l'alcool et quitta le club de danse qu'il dirigeait autrefois. Plus tard, il quitta même sa plantation de cacao pour consacrer son temps à l'église CMA du village après sa nomination comme chef pour la diriger, privilégiant ainsi le service au Seigneur plutôt que l'opportunité de construire un trésor terrestre pour lui-même et ses descendants. Il n'était pas un homme riche et se voyait refuser l'accès à tout l'héritage de son père. Donc, la décision de quitter sa plantation, pour se concentrer sur les besoins de l'église, lui coûta cher, ainsi qu'à sa famille proche.

Il avait à peine assez pour prendre soin de sa femme et couvrir les dépenses scolaires de ses enfants. Pourtant, il demeura fidèle au Seigneur, malgré les difficultés et les privations résultant de son choix de suivre le Christ. De son vivant, il ne vit pas de grandes bénédictions tangibles de la part du Seigneur ; cependant, ses enfants bénéficièrent abondamment.

C'était un homme peu loquace, qui considérait toute attaque personnelle comme une ruse trompeuse du Diable destinée à le dérouter de sa marche avec le Seigneur. Il dissipait rapidement tout conflit en répondant gracieusement à de telles attaques. C'était un homme pacifique et généreux, qui endurait les abus de ses détracteurs sans représailles. Il n'a jamais été surpris en train de critiquer qui que ce soit, pas même ses ennemis. S'il entendait quelqu'un dans sa famille critiquer quelqu'un, il mettait aussitôt fin à la conversation en disant calmement : « S'il vous plaît, arrêtez de critiquer les gens. Si vous avez appris cette manière de parler de moi, je vous exhorte à y renoncer. »

Il était un homme intègre, qui a appris à ses enfants à marcher dans la même voie. Ses dernières paroles à son fils étaient : « Sers le Seigneur de tout ton cœur, poursuis ta carrière avec intégrité et ne trompe personne dans les affaires ni dans aucun autre domaine de la vie ; et que le Seigneur te bénisse. »

L'homme n'avait jamais fréquenté une école. Toutefois, il apprit à lire afin d'étudier les Écritures. Il les étudiait régulièrement, et plus il apprenait les principes bibliques, plus il les mettait en pratique dans sa vie quotidienne. À mesure qu'il appliquait ces principes, leur impact devenait de plus en plus évident pour tous ceux qui l'entouraient. Le témoignage de sa femme confirma la transformation progressive et apparente de sa vision du monde, de son caractère et de son mode de vie au fil des années. Certainement, cet homme n'était pas sans péché – personne d'autre que Jésus-Christ ne l'a jamais été ou ne le sera sur Terre – mais le renouvellement de son esprit, la transformation progressive de sa vision du monde, de son caractère, et de son mode de vie témoignaient clairement de son processus de sanctification en tant que chrétien.

Les livres de Matthieu, Marc, Luc, et Jean fournissent également plusieurs exemples de personnes qui sont passées par le processus de sanctification. Parmi elles figurent Marie de Magdala – également appelée Marie Madeleine – passée d'une vie de déchéance à celle de disciple du Christ ; Zachée, le percepteur d'impôts (Luc 19:8–10) ; Matthieu, autre percepteur d'impôts devenu apôtre du Christ ; ainsi que l'apôtre Paul lui-même. Même l'un des criminels crucifiés aux côtés du Christ, parvenu à croire en lui dans les derniers moments de sa vie, entra dans ce processus de sanctification juste avant sa mort (Luc 23:39–43).

La Glorification : Rétablissement de la Nature Divine Originelle de l'Homme

La glorification est l'étape finale et le but ultime du salut. Elle correspond à l'élévation des croyants à la nature et à l'être du Christ, ce qui se produira lors de son retour sur Terre pour rassembler ceux qui croient en lui.

La Bible enseigne que les croyants glorifiés seront reconnus tels qu'ils sont, mais que leurs corps seront transformés à l'image du corps ressuscité du Christ. 1 Corinthiens 15:50–54 nous donne un aperçu de ce que seront ces corps :

> *Ce que je dis, frères, c'est que la chair et le sang ne peuvent hériter le royaume de Dieu, et que la corruption n'hérite pas l'incorruptibilité. Voici, je vous dis un mystère : nous ne mourrons pas tous, mais tous nous serons changés, en un instant, en un clin d'œil, à la dernière trompette. La trompette sonnera, et les morts*

ressusciteront incorruptibles, et nous, nous serons changés. Car il faut que ce corps corruptible revête l'incorruptibilité, et que ce corps mortel revête l'immortalité. Lorsque ce corps corruptible aura revêtu l'incorruptibilité, et que ce corps mortel aura revêtu l'immortalité, alors s'accomplira la parole qui est écrite : La mort a été engloutie dans la victoire (LSG).

De ce passage, nous savons que les morts ressusciteront de la tombe et revêtiront des corps impérissables et immortels, comme ceux du Christ. Quant aux croyants encore vivants lors de son retour, ils ne connaîtront pas la mort, mais leurs corps seront également instantanément transformés à la ressemblance du Christ. Ces corps glorifiés ne seront plus soumis aux faiblesses et aux limitations de nos formes actuelles, faites de chair et de sang périssables. La maladie, même la mort, n'affectera pas ces corps. D'après les récits bibliques des visites post-résurrection du Christ aux apôtres rassemblés, nous savons que son corps n'était plus confiné aux lois de la physique telles que nous les connaissons : il pouvait apparaître et disparaître à volonté, entrer dans les lieux fermés et verrouillés, tout en demeurant parfaitement reconnaissable aux apôtres.

La glorification inclut également l'élévation des croyants au statut d'héritiers avec le Christ, le souverain héritier de la création de Dieu. Ainsi, ils vivront dans la Nouvelle Jérusalem, la cité de lumière, dans la présence de Dieu pour l'éternité !

* * *

Bien que le salut soit offert librement à l'humanité, il comporte des responsabilités qui doivent être comprises et adoptées selon les propres termes de Dieu. Comme expliqué dans les chapitres précédents, celui qui vient au Christ doit comprendre ces responsabilités et les accepter de son plein gré. Tout le but de l'Évangile est de communiquer la vérité de ces responsabilités et les coûts d'opportunité qui en découlent à l'incroyant afin que la décision de croire soit prise avec sérénité et une pleine compréhension de ce que vivre la vie chrétienne implique. Alors, dans quelle mesure avons-nous réussi à assumer nos responsabilités de croyants ? Le chapitre suivant examinera cette question de plus près et expliquera en détail les pratiques qui en découlent.

CHAPITRE 8

Une Maison Construite sur le Sable

> *Jésus, s'étant approché, leur parla ainsi : Tout pouvoir m'a été donné dans le ciel et sur la terre. Allez, faites de toutes les nations des disciples, les baptisant au nom du Père, du Fils et du Saint Esprit, et enseignez-leur à observer tout ce que je vous ai prescrit. Et voici, je suis avec vous tous les jours, jusqu'à la fin du monde (Matthieu 28:18–20, LSG).*

Ce sont là les paroles de Jésus-Christ, collectivement connues dans les cercles chrétiens, sous le nom de « Grande Commission ». Elles constituent le fondement biblique pour tous les ministères et missions chrétiennes, partout dans le monde entier.

Les déclarations de la Grande Commission sont simples par rapport aux enseignements antérieurs de Jésus, qui étaient souvent exprimés en paraboles. Néanmoins, certains aspects subtils de son message échappent généralement à notre compréhension. Tout d'abord, il est important de considérer l'auditoire auquel Jésus s'adressait. Il parlait aux onze apôtres restants – des hommes qui croyaient en Lui et qui avaient passé environ deux ans et demi à apprendre non seulement de Dieu par la personne de Son Fils, mais aussi comment vivre concrètement la vie que Jésus incarnait sur terre, tant sur le plan spirituel que pratique.

Comme pour la plupart des programmes d'apprentissage, la Grande Commission comprend deux aspects essentiels : (1) la connaissance théorique, acquise par l'écoute attentive des mots prononcés par le maître, et (2) la discipline de vie, développée par l'observation et la mise en pratique du mode de vie du Maître. Les deux aspects sont essentiels pour que l'apprenti apprenne et développe un caractère aussi bien qu'un style de vie à l'image du Maître.

La connaissance théorique explique les pratiques de formation et en révèle la valeur et la finalité. La pratique, quant à elle, enseigne à l'apprenti comment appliquer les connaissances théoriques pour récolter les bénéfices qui en résultent. Sans connaissances théoriques, l'apprenti manquerait d'informations sur le mode de vie du Maître, et ne comprendrait pas l'importance des pratiques de formation enseignées par le Maître. Inversement, sans les opportunités d'observer le Maître en action et de pratiquer son mode de vie, toutes les connaissances théoriques acquises ne produiraient pas d'avantages pratiques pour l'apprenti. Par conséquent, dans un programme de formation, il est crucial que le maître et l'apprenti soient pleinement engagés, à la fois dans les connaissances théoriques et les pratiques de formation, s'il y aurait un espoir pour que l'apprenti devienne semblable au Maître. Le discipulat chrétien ne fait pas exception à cette règle.

La connaissance biblique et la pratique de la vie, selon les principes bibliques, sont toutes deux essentielles. Sans un prédicateur – quelqu'un qui transmet la connaissance théorique – personne n'entendra l'évangile de Jésus-Christ. Comme l'écrit l'apôtre Paul :

« Comment croiront-ils en celui dont ils n'ont pas entendu parler ? Et comment en entendront-ils parler, s'il n'y a personne qui prêche ? » (Romains 10:14). De la même manière, comment peuvent-ils observer les commandements du Christ si personne ne leur montre concrètement comment les pratiquer dans la vie quotidienne ?

La Grande Commission : Le Commandement Originel

La Grande Commission est le commandement du Seigneur Jésus à ses disciples d'aller dans le monde entier et de prêcher l'Évangile. Cependant, le Seigneur omniscient ne s'est pas contenté de leur dire d'aller et de seulement prêcher. Il a aussi ajouté : « enseignez-leur à observer tout ce que je vous ai prescrit », c'est-à-dire qu'ils devaient non seulement prêcher mais aussi enseigner à ceux qui venaient à croire comment mettre en pratique tout ce qu'il leur avait enseigné pendant les deux ans et demi qu'ils ont passés ensemble. Il est important de noter que le Seigneur Jésus a vécu, voyagé, servi, mangé, dormi, ri et parfois pleuré avec ces mêmes disciples. Il leur a parlé ; ils ont écouté ses paraboles et ses sermons ; ils lui ont posé des questions, et il a patiemment expliqué ce qu'ils n'avaient pas facilement compris. Il connaissait les difficultés de la vie des disciples et les a aidés à les surmonter.

Ils ont également appris à connaître la vie de Jésus à travers les expériences qu'il a partagées avec eux. Il les a appelés « amis », raisonnant qu'ils n'étaient pas des serviteurs parce que les serviteurs ne savent rien des affaires du Maître (Jean 15:14–15). C'est ainsi que le Seigneur Jésus était proche de ses disciples. Il était essentiel pour eux non seulement d'apprendre à connaître leur Maître, mais aussi d'adopter et de pratiquer son mode de vie : apprendre à penser comme lui et à se soucier de ses intérêts aussi bien qu'ils se souciaient des leurs. Ils avaient besoin d'être présents pour le voir restaurer la vue aux aveugles, donner la parole aux muets, guérir les malades, et même ressusciter les morts ! Ils avaient besoin de lui pour leur donner le pouvoir de faire des miracles lorsqu'il les envoyait en missions. Les disciples n'avaient pas la présence immanente du Saint-Esprit – ils ne l'ont reçue qu'à la Pentecôte, après que le Seigneur Jésus soit ressuscité des morts et monté au ciel. Jusqu'alors, les disciples ne pouvaient pas produire de fruit spirituel sans Jésus.

La Grande Commission : La Pratique Actuelle

Aujourd'hui, ceux qui ont les plateformes pour prêcher l'Évangile ont, pour la plupart, systématiquement transformé leur message en un moyen pour s'enrichir. Permettez-moi de m'expliquer : l'institutionnalisation de l'Églises a fini par conduire ceux qui sont à la tête à s'inquiéter plus du nombre que du bien-être spirituel de ceux qui assistent aux services dans ses bâtiments. La taille de la congrégation est le baromètre standard du succès de l'Église. Ainsi, la vérité de la Parole du Christ est diluée, négligée, voire déformée, afin de plaire aux foules, tandis que la vérité de l'Évangile et les principes de la vie chrétienne qui en découlent sont noyés dans la cohue.

Je suis vraiment navré de dire qu'aussi courantes que ces pratiques soient aujourd'hui, leurs résultats sont désastreux. La grande majorité des incroyants perçoivent l'église comme un plan établi par ses dirigeants pour exploiter leurs voisins faibles et naïfs. Les chrétiens, quant à eux, sont principalement considérés comme des hypocrites qui parlent mais ne font jamais ce qu'ils disent.

Les églises institutionnalisées sont certainement très lucratives pour ceux qui les ont fondées et les dirigent – au moins dans cette vie – mais leur issue finale sera bien plus désastreuse pour ces dirigeants.

Vous pourriez silencieusement vous dire : « Nous envoyons des centaines de milliers de missionnaires dans le monde entier ; nous dépensons des millions de notre argent pour les soutenir afin qu'ils puissent prêcher l'Évangile ; nous avons planté des myriades d'Églises à travers le globe. Dans nos églises, nous prêchons, nous avons des programmes de discipulat, nous dirigeons des ministères ; nous accomplissons la Grande Commission. » Vous dites la vérité, car de tels ministères sont menés dans les églises locales et partout dans le monde. Néanmoins, ils ne produisent pas les fruits attendus dans nos familles, nos quartiers, nos villes et nos pays.

Malgré tous les programmes d'école de dimanche, de ministères de la jeunesse, de retraites d'enseignements bibliques et de prières, plusieurs descendants de fondateurs et dirigeants d'église ont déserté, ou sont en train de déserter, leurs Églises d'enfance, s'éloignant davantage de la foi de leurs parents, prouvant qu'ils ne l'ont jamais connue. Parmi ceux-ci, certains se sont tournés vers la débauche en rébellion contre la foi revendiquée par leurs parents. Dans la plupart des Églises, la majorité des fidèles sont âgés de cinquante ans au moins. Les jeunes y sont pratiquement introuvables.

De nombreux croyants qui autrefois fréquentaient fidèlement la messe chaque dimanche n'y vont plus. N'est-il pas temps pour nous de commencer à nous poser les questions difficiles et d'en chercher des réponses ? Pourquoi les enfants des croyants quittent-ils encore l'Église en masse ? Pourquoi tant de ministères, de missions et de programmes d'Église ne portent-ils pas les fruits spirituels attendus ? Pourquoi de plus en plus de croyants ne croient-ils plus à l'Église institutionnalisée ? Les marées peuvent-elles être inversées contre l'exode des croyants hors des Églises ? Pourquoi l'Église semble-t-elle impuissante face à la perte de la prochaine génération de chrétiens potentielles ?

Dans le chapitre suivant, nous tenterons de dévoiler certaines des causes profondes des défis auxquels l'Église d'aujourd'hui est confrontée, afin de fournir quelques réponses aux questions déchirantes, en commençant par le noyau institutionnel de l'Église : la famille.

CHAPITRE 9

Joindre le Geste à la Parole

La famille constitue le noyau de l'Église : le Seigneur l'a désignée comme centre d'éducation et de formation de la prochaine génération de chrétiens (Malachie 2:15). Contrairement à la tendance populaire qui est de déléguer l'enseignement des enfants aux programmes de l'Église, le Seigneur en fait une responsabilité des parents. C'est une grande responsabilité qui implique des prières constantes, des sessions d'enseignement, de questions et réponses, ainsi que la modélisation des pratiques de la vie chrétienne pour les enfants. Cette tâche est exigeante, mais elle demeure possible pour des parents engagés dans une relation conjugale bibliquement saine. Alors, commençons notre analyse des problèmes au niveau du mariage.

L'Essence du Mariage Selon la Bible

Le mariage est peut-être l'une des institutions les plus mal comprises dans les cercles chrétiens, et ce pour plusieurs raisons. Premièrement, le mariage a toujours existé au sein des sociétés laïques. En conséquence, les vues laïques sur le mariage, souvent antérieures au christianisme, restent ancrées dans la perspective des chrétiens mariés et vivant dans ces sociétés. En revanche, dans certaines sociétés qui ont été profondément influencés par la colonisation, les Églises ont tendances à imposer les pratiques occidentales aux croyants comme étant des commandements bibliques à observer. Les dirigeants mal informés de ces Églises enseignent qu'un mariage ne serait valide que s'il est célébré devant les autorités gouvernementales, invalidant de fait tous les mariages traditionnels. Dans ces contextes, des couples de croyants traditionnellement mariés sont traités comme des fornicateurs vivant en concubinage, privés de toute responsabilité ministérielle, et parfois même menacés de condamnation éternelle s'ils ne régularisent pas leur union devant l'État. Certains dirigeants exigent que les cérémonies de mariage de leurs fidèles soient répétées à l'Église, devant eux-mêmes, sachant bien que leurs sociétés civiles ne reconnaissent pas la validité juridique d'un mariage uniquement célébré par l'Église. Peut-être que vous vous êtes déjà rendu compte de l'inconsistance de la vue du mariage par les Églises qui existent dans ces régions. D'une part, les dirigeants ne considèrent un mariage valide que lorsqu'il est célébré par les autorités gouvernementales. D'autres part, ils exigent que la cérémonie de mariage soit répétée par l'église. Ainsi, les chrétiens ont souvent des opinions divergentes sur le mariage à travers le monde, même au sein d'un même pays.

Deuxièmement, les normes du mariage biblique sont souvent contraires à celles des mariages traditionnels dans de nombreuses cultures. Les chrétiens issus de milieux culturels conflictuels ont tendance à maintenir leurs vues séculières du mariage, à moins qu'ils ne soient enseignés autrement. Certains époux entrent dans le foyer avec leurs propres idées préconçues et leurs visions de ce que leur mariage devrait être. Ces idées et visions sont souvent en contradiction avec celles de leur conjoint, et parfois même avec les principes bibliques du mariage ; ce sont là quelques-unes des sources initiales de tension dans les foyers.

Troisièmement, les fiancés chrétiens qui suivent un conseil prémarital, en préparation d'un futur mariage, apprennent vite que le divorce ne sera pas une option de résolution acceptable de leurs différences conjugales. Ce qui manque souvent, ce sont des enseignements sur les aspects fondamentaux d'une relation conjugale à vie, joyeuse, amoureuse et biblique, où le divorce n'est même pas envisagé, non par contrainte, mais parce que les époux chérissent leur relation au point de ne pouvoir envisager une vie meilleure l'un sans l'autre.

Quatrièmement, au fur et à mesure que l'Église subit des pressions politiques, laïques et culturelles croissantes, les normes de ses institutions, y compris le mariage, s'éloignent progressivement de leurs fondements originaux. Les différences entre les concepts de mariage chrétien et laïc deviennent de plus en plus floues, même si les enseignements bibliques qui définissent les normes chrétiennes du mariage restent inchangés. Néanmoins, le mariage est une entreprise d'une solennité profonde. Il est donc essentiel pour les chrétiens qui s'y sont engagés, aussi bien que ceux qui désirent se marier, de comprendre pleinement sa signification biblique, ce que Dieu attend des couples chrétiens mariés, et les responsabilités prescrites par Dieu pour gérer le mariage chrétien. Pour mieux comprendre le concept biblique du mariage, analysons-le à la lumière d'Écritures relatives, en commençant par le but divin de l'institution.

Le But Divin du Mariage

Hormis l'engagement à suivre Jésus-Christ, le mariage est sans doute la deuxième relation la plus déterminante de la vie dans laquelle une personne peut être engagée. Qu'elle soit joyeuse ou déchirante, l'impact du mariage sur la vie des époux et de leurs enfants est indéniable. Tous les aspects de l'être de chacun des époux sont influencés par le mariage : il affecte la pensée, le cœur, le corps, l'âme et l'esprit. Les époux doivent être complètement vulnérables l'un envers l'autre dans un mariage qui respecte les normes bibliques. Il n'y a vraiment pas de place pour des contrats prénuptiaux, des comptes bancaires séparés, ou des arrangements similaires. Nous reviendrons plus loin dans ce chapitre sur une analyse détaillée de ces implications et de leurs effets.

D'un point de vue biblique, le mariage est conçu comme un engagement à vie entre un homme et une femme, appelés à s'aimer de toutes les manières possibles, à s'offrir de la compagnie, de l'amour érotique, de l'amour agape, de l'amour fraternel, ainsi qu'à élever une progéniture pieuse pour Dieu. Examinons ces aspects du mariage à la lumière des principes bibliques pertinents.

L'Amour Érotique dans le Mariage

C'est peut-être la forme d'amour la plus primitive exprimée par tous les couples mariés, chrétiens et non chrétiens. D'un point de vue biblique, le mariage va bien au-delà de l'instinct « animal » fondamental de l'amour érotique, jusqu'à la vie spirituelle de l'esprit, du cœur et de l'âme. L'amour érotique a évidemment sa place dans la vie spirituelle d'un couple marié.

Dans 1 Corinthiens 7:3–6, l'apôtre Paul fait la déclaration suivante comme une concession aux demandes insistantes des Corinthiens sur ce même sujet :

> *Que le mari rende à sa femme ce qu'il lui doit, et que la femme agisse de même envers son mari. La femme n'a pas autorité sur son propre corps, mais c'est le mari ; et pareillement, le mari n'a pas autorité sur son propre corps, mais c'est la femme. Ne vous privez point l'un de l'autre, si ce n'est d'un commun accord pour un temps, afin de vaquer à la prière ; puis retournez ensemble, de peur que Satan ne vous tente par votre incontinence. Je dis cela par condescendance, je n'en fais pas un ordre (LSG).*

Ceci est l'opinion de l'apôtre, comme il l'a ainsi déclaré. Néanmoins, elle est fondée sur la sagesse biblique transmise par le Saint-Esprit. Trois points clés ressortent de ce passage.

1. Un conjoint « *n'a pas autorité sur* » son propre corps. C'est-à-dire que ni la femme ni le mari ne peuvent faire ce qu'ils veulent, n'importe où, n'importe quand, et n'importe comment avec leur propre corps sans le consentement de l'autre conjoint. Il ne dit pas que le mari peut forcer sa femme dans l'acte sexuel dans un mariage. Il ne dit non plus que la femme peut utiliser son corps comme un moyen de manipulation pour amener son mari à se soumettre à sa volonté. Au contraire, le passage conseille à chaque conjoint de « *rendre volontairement... l'affection due* » à l'autre conjoint.
2. Par nécessité, comme cela peut être le cas lors d'une période de jeûne et de prière, chaque conjoint doit accepter de s'abstenir de l'acte sexuel « pendant un certain temps » pour

se concentrer sur Dieu. Cependant, une telle période ne doit pas être prolongée inutilement, afin que le conjoint manquant de maîtrise de soi puisse être soulagé et ne pas tomber dans la tentation de Satan.
3. Paul déclare explicitement que ce qu'il écrit dans ce passage est sa réponse à des demandes antécédentes de renseignements, et non un commandement du Seigneur.

En ce qui concerne le premier point clé, un mari pourrait penser qu'il lui ait accordé l'autorité de forcer sa femme à accomplir l'acte sexuel parce qu'il a autorité sur son corps. Il serait irréfléchi de sa part de penser ainsi, qu'il oublie que son propre corps est sous l'autorité de sa femme. Et que par conséquent, il ne doit pas l'utiliser de quelque manière que ce soit sans son accord. De même, la femme ne doit pas priver son mari de l'acte sexuel. Le point essentiel est qu'il faut le consentement des deux époux pour s'engager dans l'acte sexuel s'ils veulent vivre selon les principes enseignés dans le passage. Ce principe est crucial parce que, dans le mariage, l'amour érotique est censé être une expression d'affection : celle que les époux ont juré, au jour de leur mariage, de s'offrir réciproquement. Ce principe est d'autant plus important parce qu'il garde les affections et les désirs des époux centrés l'un sur l'autre, réduisant ainsi les distractions susceptibles de créer des occasions de tentation. Pour cette raison, toute pratique désapprouvée par l'un des conjoints ne doit pas être appliquée. Car de telles pratiques pourraient générer des blessures émotionnelles, des ressentiments et un profond mécontentement, devenant des sources potentielles de division au sein du foyer. Le conjoint fautif court le risque de devenir odieux, impoli, égoïste et antipathique envers l'autre, transformant ainsi l'acte même qui devait renforcer l'attraction et l'unité du couple en un facteur destructeur, capable de saper progressivement l'harmonie et l'intimité conjugales.

De telles situations entravent l'unité du couple, ce qui peut, au mieux, contrecarrer leurs prières, et, dans le pire des cas, conduire à une séparation, voire au divorce. Contraindre un conjoint à l'acte sexuel viole sa conscience, ouvrant ainsi des portes à Satan pour conduire le couple à la tentation. Cela nous amène au deuxième point abordé dans ce passage.

Le passage est arrangeant dans les situations exceptionnelles où des accommodements s'imposent. Les époux doivent faire preuve de compassion et de compréhension l'un envers l'autre – ce qui ne devrait pas être insupportablement difficile s'ils vivent réellement un amour agapè l'un pour l'autre. Il peut y avoir des situations où un conjoint est physiquement incapable de manifester son affection, et cela pour de très bonnes raisons. Dans de tels cas, il incombe à l'autre conjoint d'être aimant, compréhensif, solidaire et endurant, afin de ne pas perdre le contrôle de soi. Le manque de relations sexuelles n'a jamais causé la mort de quiconque. L'époux dévoué devrait se tourner vers le Seigneur avec ses doléances dans la prière, et demander sa force ainsi que sa paix – une paix qui dépasse toute compréhension – et Dieu soutiendra fidèlement celui qui se confie en lui.

Certains, désireux de maintenir dans leur mariage chrétien des pratiques sexuelles laïques du passée, pourraient argumenter que les déclarations de l'apôtre Paul ne sont pas des commandements et qu'il n'est donc pas nécessaire de les appliquer à leur mariage. Néanmoins, dans Galates 5:19, Paul écrit également : « *Or, les œuvres de la chair sont manifestes, ce sont l'impudicité, l'impureté, la dissolution » (LSG)*. Or, il est évident que l'impureté, la dissolution, et l'adultère ou la fornication ne sont pas synonymes. Il écrit aussi dans Éphésiens 5:3 : « *Que l'impudicité, qu'aucune espèce d'impureté, et que la cupidité, ne soient pas même nommées parmi vous, ainsi qu'il convient à des saints* » *(LSG)*. Il va donc de soi que l'impureté et la fornication ne doivent ni être recherchées ni poursuivies par les couples convertis au christianisme. Les pratiques sexuelles associées peuvent conduire notamment à :

1. La violation de la conscience d'un conjoint ;
2. Des actes abusifs envers un conjoint ;
3. L'impropriété et l'indécence.

Elles peuvent également transformer le sexe, qui est une expression naturelle de l'affection entre époux, en un acte abusif qui érode leur attraction et leur affection l'un pour l'autre. Pour les croyants, les relations sexuelles dans le mariage ne doivent pas être une occasion de reproduire les anciennes pratiques honteuses et mondaines, telles qu'ils les connaissaient avant de connaître le Seigneur. Ces pratiques ne deviennent pas approuvées par le Seigneur simplement parce qu'elles sont perpétuées par ceux qui prétendent porter Son nom. Au contraire, les croyants doivent marcher dans la lumière.

> *Autrefois vous étiez ténèbres, et maintenant vous êtes lumière dans le Seigneur. Marchez comme des enfants de lumière ! Car le fruit de la lumière consiste en toute sorte de bonté, de justice et de vérité. Examinez ce qui est agréable au Seigneur ; et ne prenez point part aux œuvres infructueuses des ténèbres, mais plutôt condamnez-les. Car il est honteux de dire ce qu'ils font en secret* (Éphésiens 5:8–12, LSG).

Le sexe est une belle chose, mais ce n'est qu'un pan de l'histoire. Poursuivons donc notre exploration des aspects spirituels du mariage.

La Compagnie dans le Mariage

La nature spirituelle de la compagnie peut, au premier abord, surprendre. Cependant, la compagnie est divine. Nous les humains sommet seuls en nous-mêmes, mais Dieu ne l'est pas. La Bible nous enseigne que le Dieu chrétien est trinitaire, c'est-à-dire un seul être existant en trois personnes distinctes qui coexistent en parfaite harmonie : le Père, le Fils, et le Saint-Esprit. Si ce n'est pas la Compagnie ultime, je ne sais pas ce que c'est ! En fait, la Compagnie est si spirituellement fondamentale qu'elle a influencé la création dès le début. Elle fait partie intégrante de la conception divine de ce qui est bon.

Le livre de la Genèse raconte qu'en plus de l'humanité, le Seigneur Dieu a regardé Sa création vivante et l'a déclarée bonne. Cependant, au sujet de l'humanité, Il fit une déclaration particulière :

> *Il n'est pas bon que l'homme soit seul ; je lui ferai une aide semblable à lui... Alors l'Éternel Dieu fit tomber un profond sommeil sur l'homme, qui s'endormit ; il prit une de ses côtes, et referma la chair à sa place. L'Éternel Dieu forma une femme de la côte qu'il avait prise de l'homme, et il l'amena vers l'homme (Genèse 2:18, 2:21, LSG).*

Cela va sans dire que la compagnie entre un homme et sa femme a été un objectif divin depuis le début. Dieu créa la femme (Ève) à partir de l'homme (Adam) afin d'établir, dès l'origine, un lien profond et indissociable entre eux.

En agissant ainsi, Dieu établit la première famille à l'image de l'unité parfaite de la Trinité. Ainsi, la compagnie est un aspect divinement ordonné du mariage chrétien. En tant que tel, il est du devoir de chaque conjoint dans un mariage chrétien de contribuer activement à l'accomplissement de la volonté de Dieu en fournissant un partenariat agréable, solidaire et uni à l'autre conjoint. Bien sûr, cela est impossible sans une paix authentique, une harmonie, et le respect mutuel entre les époux. Par conséquent, les conjoints doivent donner la priorité à la résolution rapide des différences qui surgissent de la vie quotidienne, en se comprenant mutuellement et en prenant réellement soin l'un de l'autre, anticipant et vaquant autant que possible aux besoins de chacun.

Les conjoints doivent fournir un effort concerté pour vivre en tant qu'unité, et non comme les célibataires qu'ils étaient autrefois. Cela implique de se consulter, de s'écouter mutuellement et de prendre les décisions qui affectent directement ou indirectement la famille ainsi que leur relation. Ils doivent abandonner les vieilles habitudes ou modes de vie qui créent des forces de division, tout en renforçant celles qui nourrissent l'unité et le bien-être conjugal. Les conjoints qui pratiquent ces principes apprécient réellement leur compagnie mutuelle et préfèrent s'engager dans des activités ensemble. En fait, ils trouvent ces activités moins agréables lorsque leurs conjoints ne sont pas participants.

Cependant, la compagnie telle que voulue par le Créateur ne peut exister comme une caractéristique isolée du mariage. Elle est nécessaire, mais non suffisante. La décision de se marier exige également que chaque époux s'engage à veiller aux intérêts de l'autre avec le même soin qu'il accorde aux siens propres, quelles que soient les circonstances extérieures. C'est là l'expression concrète de l'engagement à s'aimer selon l'amour agapè.

L'Amour Agapè dans le Mariage

Rappelant des concepts bibliques de l'amour, l'agapè est une décision volontaire de celui qui aime de privilégier les intérêts personnels de l'être aimé, indépendamment des sentiments. Les normes bibliques du mariage élèvent ce niveau d'engagement à une question de vie et de mort. Dans Éphésiens 5:25–31, l'apôtre Paul écrit :

> *Maris, aimez vos femmes, comme Christ a aimé l'Église, et s'est livré lui-même pour elle, afin de la sanctifier par la parole, après l'avoir purifiée par le baptême d'eau, afin de faire paraître devant lui cette Église glorieuse, sans tache, ni ride, ni rien de semblable, mais sainte et irrépréhensible. C'est ainsi que les maris doivent aimer leurs femmes comme leurs propres corps. Celui qui aime sa femme s'aime lui-même... C'est pourquoi l'homme quittera son père et sa mère, et s'attachera à sa femme, et les deux deviendront une seule chair (LSG).*

Ce passage met en lumière trois points remarquables concernant le mariage : (1) Un mari doit se détacher de l'autorité de son père et sa mère pour se libérer afin d'entrer dans une nouvelle relation, aussi profonde et engageante que celle qu'il entretenait auparavant avec ses parents : le mariage. (2) Un mari doit veiller aux intérêts personnels de sa femme – ce qui inclut la provision de ses besoins de toutes les manières possibles – au point d'être prêt à mourir pour son amour, à l'image de Jésus-Christ qui a aimé l'Église jusqu'à s'offrir en sacrifice pour sa rédemption. (3) La règle d'or – « *Tu aimeras ton prochain comme toi-même »* – s'applique avec emphase aux maris dans un mariage chrétien.

En ce qui concerne les épouses, l'apôtre Paul écrit aussi dans Éphésiens 5:22-24 : « *Femmes, soyez soumises à vos maris, comme au Seigneur ; car le mari est le chef de la femme, comme Christ est le chef de l'Église, qui est son corps, et dont il est le Sauveur. Or, de même que l'Église est soumise à Christ, les femmes aussi doivent l'être à leurs maris en toutes choses* » (LSG).

Le point central de ce passage est la soumission. Il est important de souligner que ce n'est pas une licence donnée aux maris pour contraindre leurs épouses à se soumettre. C'est un commandement pour les femmes de se soumettre à leurs maris de leur propre gré dans le cadre de leur révérence pour le Seigneur.

Le passage attribue un rôle à chaque époux dans le mariage pour y établir de l'ordre. Une femme chrétienne ne peut contraindre son mari à l'aimer de la manière bibliquement prescrite ; de la même manière, un mari chrétien ne peut non plus forcer sa femme à se soumettre de manière biblique. Le Seigneur est un Dieu d'ordre et de vérité qui opère uniquement dans la vérité. Ainsi, tout plan conçu pour contraindre un conjoint à se comporter selon les normes bibliques sape son but. Une femme se soumet à son mari, et son mari l'aime parce qu'ils sont tous deux croyants ; ils aiment le Seigneur et cherchent avec avidité à vivre dans sa volonté. Par conséquent, son Esprit les rend capables de le faire.

Ces points clés des normes bibliques du mariage sont fondamentaux : un mariage ne peut être conforme à la volonté de Dieu sans eux. Ils sont aussi les domaines où de nombreux mariages échouent, ce qui souligne l'importance de les examiner attentivement dans leur contexte social et culturel. Commençons donc cette analyse par la notion essentielle de « quitter ses parents et s'attacher à sa femme. »

Quitter ses Parents pour s'Unir à son Épouse

Dans certaines cultures, un homme ne quitte jamais la maison de son père ; l'attente sociale est qu'il se marie et y amène sa femme. Les parents, ainsi que les frères et sœurs, ne s'attendent alors à aucun changement significatif dans leurs relations avec leur fils ou leur frère après son mariage. Ils présument qu'il continuera à donner la priorité à leurs intérêts plutôt qu'à ceux de sa femme. En d'autres termes, ils s'attendent à ce qu'il aime sa femme moins que ce que la Bible exige de lui. Dans de tels contextes, la femme est considérée, et parfois traitée, comme une étrangère par ses beaux-parents. Elle peut être méprisée, tout comme les membres de sa famille biologique, perçus comme des intrus cherchant constamment à profiter de leur fils et frère. Sous la pression de cette atmosphère, un mari faible de caractère finit parfois par laisser sa femme à la merci de sa propre famille, qui peut la rejeter ou la maltraiter pour diverses raisons.

Dans les cultures matriarcales, les enfants sont souvent considérés les vrais héritiers de leur famille maternelle, et non pas des bénéficiaires légitimes des biens leur père. Ainsi, l'exigence très biblique pour un mari de subvenir aux besoins de sa femme et de ses enfants suscite des conflits ! En conséquence, le mari reste souvent attaché à sa famille biologique plus qu'il ne le serait autrement avec sa femme. Dans d'autres cultures, un mari qui quitte sa famille d'origine pour s'attacher à sa femme est socialement perçu comme faible, décrit comme un homme « dominé » ou « enroulé autour du petit doigt de sa femme », pour ainsi dire. Il n'est pas rare qu'une mère blâme et méprise la femme de son fils, la considérant comme une oppressante qui l'aurait détourné de sa famille.

Indépendamment de l'origine sociale, la crainte des beaux-parents, en particulier les belles-mères, semble être universelle. Ses effets sur les mariages n'épargnent pas les couples chrétiens. Soit la mère du mari n'approuve pas sa belle-fille, soit la mère de l'épouse ne pense pas que le mari est un homme digne de sa fille, et la liste des raisons de discorde est longue.

Nous, parents chrétiens, devons comprendre que soutenir et faciliter les mariages de nos fils et filles, de la manière biblique, fait partie de notre responsabilité d'aimer notre prochain comme nous-mêmes. Le Seigneur nous a donné des enfants à travers le mariage avec les fils et les filles d'autres parents. Nous devons donc être prêts à faire pour autrui ce qui a été fait pour nous.

Aimer une Épouse Comme le Christ Aime l'Église

C'est sur ce point que la plupart des maris ont du mal à s'appliquer dans les mariages chrétiens. Ce n'est pas une question de sentiments émotionnels pour la femme ; c'est un engagement consciencieux à prendre soin de ses besoins, même ceux dont elle n'est consciente.

L'amour agapè est un choix. Si le Seigneur nous commande d'aimer nos ennemis (Matthieu 5:43–44), il ne peut pas être plus difficile de faire autant pour nos épouses ! Cependant, la profondeur de l'amour agapè, bibliquement requis d'un mari pour sa femme, va au-delà de ce qui est commandé envers ses ennemis. Les Écritures ne commandent pas aux maris de mourir pour leurs ennemis. Ils commandent à chaque mari d'aimer sa femme au point d'être prêt à mourir pour défendre ses intérêts personnels. C'est vraiment la même chose pour un mari que d'aimer sa femme comme lui-même. Toute personne serait prête à se sacrifier en défendant ses propres intérêts s'il s'agissait d'une question de vie ou de mort.

Il est important de noter qu'un mari qui possède ce niveau d'amour pour sa femme n'agit pas comme un dictateur. Il est doux avec elle ; il se soucie de ses sentiments, de son opinion sur la façon dont il gère la famille et des actions qu'il prend pour le bien-être de la famille. Peut-être que c'est la profondeur de l'amour qui doit être démontrée pour qu'une femme soit rassurée et se sente suffisamment en sécurité pour une soumission totale et volontaire à son mari ?

Quelle que soit la raison de cette commande, le Seigneur sait mieux. Et si les maris croient vraiment en lui, ils ne devraient pas hésiter à aimer leurs femmes de la manière biblique, en obéissance à sa parole. Cela ne veut pas dire que c'est facile ; nous avons déjà discuté des divers obstacles auxquels les maris chrétiens sont confrontés dans le mariage. Néanmoins, nous devons faire les choix difficiles et obéir au Seigneur, quelles que soient les conséquences. C'est là, en essence, la foi vivante.

Soumission Totale à un Mari

De nombreuses femmes chrétiennes ont du mal à concevoir cet aspect de soumission totale à leur mari, et cela pour de bonnes raisons. Premièrement, un mari qui n'est pas disposé à aimer sa femme au niveau prescrit par les Écritures ne devrait pas s'attendre à ce qu'elle le trouve digne de confiance pour se sentir suffisamment en sécurité dans une soumission totale à son égard. Deuxièmement, les normes sociales de l'époque contredisent totalement l'idée d'une femme se soumettant pleinement à son mari.

Étant donné les pratiques historiquement oppressives des hommes envers les femmes, cette réaction sociale visant à contrebalancer la domination masculine est justifiée. Cependant, les valeurs culturelles et les systèmes de croyance ne doivent pas être élevés au niveau de la véritable Parole de Dieu. Nous ne parlons pas ici des nombreuses interprétations déformées du texte biblique enseignées par ceux qui ont des agendas personnels. Nous faisons référence à la vérité impartiale telle qu'exprimée dans les Écritures. Ainsi, il est commandé aux femmes de se soumettre à leur propre mari comme l'Église se soumet au Seigneur Jésus-Christ. Notez que la soumission du croyant au Seigneur ne se fait pas par coercition.

Nous choisissons librement de nous soumettre au Seigneur parce que nous l'aimons et croyons en lui. Cet amour et cette croyance ne sont pas aveugles non plus. Nous savons qui il est et comment il a démontré son amour pour nous en donnant sa vie sur une croix romaine afin de nous sauver de l'agonie éternelle de l'enfer. Par conséquent, nous nous sentons en sécurité en lui faisant confiance avec nos vies.

Le point essentiel est donc le suivant : les maris ne peuvent pas faire en sorte que leurs femmes se soumettent vraiment à eux de la manière prescrite dans les Écritures. Ils peuvent les contraindre à adopter des modèles de comportement souhaités, mais ce genre de fausse soumission n'est pas ce que le Seigneur recherche. Souvenons-nous qu'il voit à travers tout mensonge et toute trahison. La véritable soumission qu'il exige des épouses chrétiennes est une soumission volontaire, offerte librement, sans aucune coercition ou autre pression similaire.

L'Amour Fraternel dans le Mariage

Nous pensons rarement, voire jamais, qu'un conjoint est un frère ou une sœur dans le sens séculier et culturel. Mais l'amour fraternel joue un rôle dans les mariages chrétiens. Comme le dit l'adage bien connu : « le sang est plus épais que l'eau. ». Les couples chrétiens qui s'efforcent de vivre selon les normes bibliques deviennent une seule chair selon les Écritures. Ils développent un amour fraternel l'un pour l'autre. C'est cet aspect du mariage qui les rend tolérants, ne pensant jamais à s'éloigner définitivement l'un de l'autre comme moyen de résolution de problèmes.

Il y a un dicton africain qui compare une dispute entre frères et sœurs à une goutte d'eau chaude sur la peau ; elle brûle et fait mal intensément, mais la douleur ne dure qu'un court moment. Ainsi, aussi, sont les désaccords entre frères et sœurs qui ont vraiment un amour fraternel l'un pour l'autre. En cas de désaccord, ils se réunissent rapidement pour s'entretenir afin de résoudre leurs différends. C'est aussi une pratique importante dans le mariage chrétien parce que les époux sont frères et sœurs dans le Seigneur.

Ceux qui désirent se marier de la manière biblique pourraient se demander comment éviter les pièges du mariage discutés dans les sections précédentes de ce chapitre. Je vais donc essayer de fournir quelques conseils basés sur ma vue biblique et mon expérience personnelle du mariage.

Sachant qu'une maison construite sur du sable ne peut pas supporter la tempête, commençons par examiner les aspects fondamentaux qui créent une relation de mariage stable et durable.

Valeurs Culturelles et Vision du Monde

Le mariage est comme un sport d'équipe. Il ne peut y avoir de victoire que si chaque joueur adopte la stratégie de jeu établie par l'entraîneur et joue son rôle pour contribuer aux efforts de l'équipe. Dans un mariage chrétien, l'entraîneur c'est Dieu, les joueurs sont les époux, et le plan de jeu est établi et transmis aux joueurs c'est la Parole de Dieu, telle qu'elle est enseignée à travers les Écritures. Pour que le mariage prospère, il est essentiel que les époux soient d'accord concernant les décisions qui ont un impact sur la vie.

Malheureusement, les époux chrétiens, comme la plupart des croyants, ont rarement le même niveau de maturité spirituelle ou compréhension des Écritures. C'est là que réside la principale source de divergence d'opinions et de points de vue entre les époux chrétiens. Les enseignants dans l'Église aideraient efficacement la situation s'ils s'en tenaient à enseigner la vérité et rien que la vérité de la Parole de Dieu sur le sujet. Cependant, nous savons par notre discussion sur le ministère chrétien dans les chapitres précédents que la vérité est rarement enseignée. Néanmoins, il est absolument nécessaire pour le bien-être d'un mariage chrétien que les deux époux apprennent à connaître et à accepter la Parole de Dieu par la foi.

Les deux époux doivent être engagés dans une obéissance commune à la Parole de Dieu, au moins en ce qui concerne le mariage. Quel que soit le niveau d'amour que chaque conjoint à pour l'autre, il y aura toujours des situations de la vie où les conjoints auront des points de vue divergents, et cela mettra leur relation de mariage à l'épreuve. Un conjoint peut croire que l'autorité de ses parents biologiques prime sur le point de vue de son épouse, alors que celle-ci ne partage pas cette compréhension.

Le mari peut croire en la soumission de son épouse à sa position d'autorité, alors que l'épouse ne croit pas. La femme peut croire que son mari doit l'aimer de la manière biblique, tandis que l'époux, ignorant les vérités bibliques connexes, peut privilégier ses propres intérêts au-dessus des siens, etc. C'est dans ces situations que les croyances alignées deviennent essentielles pour parvenir à une résolution consensuelle des conflits. Dans ces cas, l'autorité de la Parole de Dieu supplante les opinions individuelles, et ce qu'elle enseigne est définitivement accepté par les deux époux, parce qu'ils sont croyants.

Les résolutions finales de certaines de ces situations peuvent avoir un impact significatif sur la vie de la famille. Par conséquent, elles ne sont pas facilement acceptées par les époux à moins qu'un accord commun puisse être trouvé. Plus souvent qu'autrement, la situation se transformerait en une dispute d'opinions et resterait non résolue sans le filet de sécurité de la Parole de Dieu. Les différences qui résultent de telles situations peuvent facilement s'aggraver et créer un écart entre les époux, une attaque contre l'unité du mariage comme prescrite par la Parole de Dieu.

Inutile de dire que le fait d'avoir des valeurs et des visions du monde communes fondées sur la vérité biblique est un élément essentiel des mariages chrétiens sains. Ceux qui recherchent de telles relations devraient sérieusement considérer cela comme un critère nécessaire lors du choix d'un conjoint potentiel. C'est la raison pour laquelle il est important qu'un croyant épouse un autre croyant. J'emploie ici le terme « croyant » pour faire référence à quelqu'un qui croit en Christ, et non quelqu'un qui prétend seulement être chrétien. La distinction est très importante car la plupart des aspects du mariage discutés dans ce chapitre ne fonctionneraient pas pour les incroyants.

L'apôtre Paul souligne ce point de conflit concernant les mariages où l'un des époux est incroyant. Il exhorte les chrétiens à ne pas épouser des incroyants parce qu'ils auront des problèmes en raison de leurs modes de vie conflictuels. Dans sa lettre aux Corinthiens, il écrit :

> « Ne vous mettez pas avec les infidèles sous un joug étranger. Car quel rapport y a-t-il entre la justice et l'iniquité ? Ou qu'y a-t-il de commun entre la lumière et les ténèbres ? Quel accord y a-t-il entre Christ et Bélial ? ou quelle part a le fidèle avec l'infidèle ? Quel rapport y a-t-il entre le temple de Dieu et les idoles ? Car nous sommes le temple du Dieu vivant, comme Dieu l'a dit : J'habiterai et je marcherai au milieu d'eux ; je serai leur Dieu, et ils seront mon peuple. C'est pourquoi, Sortez du milieu d'eux, Et séparez-vous, dit le Seigneur ; Ne touchez pas à ce qui est impur, Et je vous accueillerai. Je serai pour vous un père, Et vous serez pour moi des fils et des filles, Dit le Seigneur tout puissant » (2 Corinthiens 6.14–18, LSG).

Quel est l'argument de Paul ? Épouser un incroyant est-il un péché ? Non, pas en soi. Cependant, il est probable de créer des situations de conflit qui rendent la vie du conjoint croyant très difficile s'il ou elle doit vivre une vie sainte et sanctifiée. Selon le passage, l'incroyant vit encore dans les ténèbres. En conséquence, il ou elle est plus susceptible de continuer les pratiques inhérentes à cette vie, tandis que le Seigneur appelle le croyant à s'éloigner du mode de vie mondain et de ses pratiques pour vivre une vie sainte.

Ce conflit existe bel et bien :

> *« Car la chair a des désirs contraires à ceux de l'Esprit, et l'Esprit en a de contraires à ceux de la chair ; ils sont opposés entre eux, afin que vous ne fassiez point ce que vous voudriez. Si vous êtes conduits par l'Esprit, vous n'êtes point sous la loi. Or, les œuvres de la chair sont manifestes, ce sont l'impudicité, l'impureté, la dissolution, l'idolâtrie, la magie, les inimitiés, les querelles, les jalousies, les animosités, les disputes, les divisions, les sectes, l'envie, l'ivrognerie, les excès de table, et les choses semblables. Je vous dis d'avance, comme je l'ai déjà dit, que ceux qui commettent de telles choses n'hériteront point le royaume de Dieu. Mais le fruit de l'Esprit, c'est l'amour, la joie, la paix, la patience, la bonté, la bénignité, la fidélité, la douceur, la tempérance ; la loi n'est pas contre ces choses. Ceux qui sont à Jésus Christ ont crucifié la chair avec ses passions et ses désirs » (Galates 5:17–24, LSG).*

La question logique qui s'impose alors, en particulier pour les lecteurs déjà engagés dans le mariage, est la suivante : « Que faire si mon conjoint ne prend pas garde à la Parole de Dieu ? ». Je vois deux réponses distinctes, selon les circonstances :

(1) Si votre conjoint connaît la vérité biblique concernant l'affaire en question et pourtant choisit consciemment de désobéir à Dieu, il n'y a plus rien que vous puissiez faire sur le plan humain pour changer la situation. À ce stade, je considérerais le conjoint rebelle comme un incroyant qui n'a pas l'intention de rester marié à vous,

et je trancherais la question en conséquence. L'apôtre Paul aborde précisément ce cas dans 1 Corinthiens 7:13-16, où il écrit :

> *Si une femme a un mari non-croyant, et qu'il consente à habiter avec elle, qu'elle ne répudie point son mari. Car le mari non-croyant est sanctifié par la femme, et la femme non-croyante est sanctifiée par le frère ; autrement, vos enfants seraient impurs, tandis que maintenant ils sont saints. Si le non-croyant se sépare, qu'il se sépare ; le frère ou la sœur ne sont pas liés dans ces cas-là. Dieu nous a appelés à vivre en paix. Car que sais-tu, femme, si tu sauveras ton mari ? Ou que sais-tu, mari, si tu sauveras ta femme ? (LSG)*

(2) Dans les cas où le conjoint dissident est véritablement ignorant de la vérité biblique, le conjoint savant ou spirituellement plus mature doit prier pour l'illumination de l'autre, tout en l'engageant gracieusement dans des discussions basées sur les Écritures relatives aux principes bibliques pertinents. De telles discussions doivent être objectives et basées sur les Écritures pour être efficaces et minimiser, voire éliminer, les désaccords ancrés dans des opinions personnelles ; seule l'opinion de Dieu compte après tout. La bonne nouvelle est que deux croyants sincèrement engagés dans la recherche de la volonté de Dieu, concernant une situation, la trouveront toujours (Jean 9:31 ; Matthieu 7:7-11).

Or, toutes les situations conjugales ne nécessitent pas une telle gravité : il arrive que des divergences d'opinions surviennent sur des sujets sans incidence spirituelle. La réalité c'est que deux êtres imparfaits, partageant les mêmes intérêts dans tous les aspects de la vie, seront parfois en désaccord. La bonne nouvelle c'est que ces désaccords proviennent généralement de différences mineures de cultures et de caractère qui sont sans signification spirituelle.

L'amour entre couples chrétiens qui vivent selon les principes bibliques peut éclipser et dissiper de tels désaccords parce que : *« L'amour est patient, il est plein de bonté. L'amour n'est pas envieux, il ne cherche pas à se faire valoir, il ne s'enfle pas d'orgueil. Il ne fait rien d'inconvenant. Il ne cherche pas son propre intérêt, il ne s'aigrit pas contre les autres, il ne trame pas le mal. L'injustice l'attriste, la vérité le réjouit. »* (1 Corinthiens 13:4–6, BDS).

C'est là que les femmes sont appelées à être humbles et à se soumettre à leur mari de leur propre gré, non par contrainte, mais par amour et par foi. De la même manière, les maris reçoivent exhortation solennelle : *« Maris, montrer à votre tour de la sagesse dans vos rapports avec vos femmes, comme avec un sexe plus faible ; honorez-les, comme devant aussi hériter avec vous de la grâce de la vie. Qu'il en soit ainsi, afin que rien ne vienne faire obstacle à vos prières. »* (1 Pierre 3:7, LSG).

Descendance Pieuse dans le Mariage

Qu'attend Dieu des couples chrétiens concernant leur mariage ? Contrairement à la pratique populaire d'aujourd'hui, qui est de dépendre des programmes de l'Église, des écoles chrétiennes, et d'institutions similaires pour l'éducation chrétienne des enfants, Dieu en a confié la responsabilité aux parents. Oui, c'est notre devoir d'enseigner personnellement nos enfants dans les voies du Seigneur, et non de transférer cette responsabilité à autrui. Il est logique que le Créateur infiniment sage, qui a inventé le mariage, ait confié cette responsabilité comme un devoir aux parents, puisqu'ils sont ceux qui passent le plus de temps avec leurs enfants au quotidien.

Toutes les institutions auxquelles l'éducation chrétienne des enfants a été sous-traitée n'ont pas le temps ou l'environnement nécessaire pour accomplir efficacement cette tâche. Les Églises n'ont les enfants que pendant quelques heures chaque semaine, et l'accent des écoles chrétiennes est principalement mis sur l'éducation laïque, avec quelques fragments d'idéologie chrétienne. Être croyant ne consiste pas à mémoriser des versets de la Bible ou à accumuler des connaissances à propos de Dieu. La foi n'est pas une activité ponctuelle, mais un mode de vie. En ce sens, le processus de faire des disciples – c'est-à-dire former de vrais croyants – comprend deux composantes essentielles : (1) enseigner les principes, et (2) enseigner comment vivre selon les principes enseignés. Comme dans toute formation pratique, la répétition est essentielle dans ce deuxième aspect du processus.

Croyez-le ou non, élever les enfants dans les voies du Seigneur est censé être un ministère chrétien. La famille est le champ missionnaire, les convertis potentiels sont les enfants, et les missionnaires sont les parents. Un but divin de l'environnement du mariage, tel que prescrit par la Bible, est d'élever une progéniture pieuse (Malachie 2:15). Cela n'est pas possible à moins que quelqu'un enseigne et modèle avec diligence les pratiques chrétiennes connexes aux enfants. Les enfants ne font pas ce que leurs parents leur disent de faire ; ils font ce qu'ils les voient faire.

Malheureusement, les enfants nés de parents croyants ne deviennent pas automatiquement croyants. Ils doivent, comme tout autre être humain, entendre l'Évangile, être enseignés et accompagnés. Ils ont souvent des questions complexes qui doivent être répondues logiquement. Leur demander de croire aveuglément simplement parce que papa ou maman l'a dit ne marche pas au-delà de l'école primaire.

Je me souviens très bien de ma fille, en quatrième année, me questionnant sur la théorie de l'évolution. Nous nous sommes engagés dans une discussion logique sur le sujet, et elle a rapidement vu les arguments en faveur de la théorie s'effondrer sous examen minutieux. Je n'ai pas eu à citer un seul verset de la Bible dans cette discussion, mais j'ai efficacement transmis le fait que l'évolution est une théorie et ne devrait être considérée que comme telle. Mon point est que vous n'avez pas besoin d'être un diplômé de séminaire pour fournir une éducation chrétienne à vos enfants. D'ailleurs, je ne confierais probablement pas mes enfants à de tels établissements sans connaître personnellement les enseignants et être convaincu qu'ils sont de véritables croyants, et non de simples ministres professionnels.

Ce qui est essentiel, c'est l'intégrité et la fidélité que vous démontrez envers le Christ par votre vie, ainsi que le partage sincère des principes bibliques avec vos enfants. Pour enseigner efficacement, les parents doivent eux-mêmes apprendre par l'étude des Écritures, ce qui est la responsabilité de tous les croyants, qu'ils soient parents ou non. Il est pratiquement impossible pour soi de grandir et de mûrir dans la connaissance du Christ sans une étude personnelle et régulière de la Parole de Dieu.

Ne mal comprenez pas mes déclarations. Je ne parle pas d'assister à une étude biblique où vous recevez le cours d'un enseignant sans avoir l'occasion de poser les questions difficiles, de peur d'être étiqueté comme hérétique. Recherchez plutôt des études bibliques où les enseignants sont suffisamment ouverts au dialogue, capables de répondre aux questions avec des arguments logiques fondés sur la Bible. Réfléchissez personnellement aux Écritures et priez pour que le Saint-Esprit vous illumine sur les questions que vous ne comprenez pas.

Je sais par expérience que le Seigneur vous révélera Sa volonté si vous la cherchez pour l'accomplir (Jérémie 29:13 ; Jacques 4:8 ; Jean 7:17). Si vous voulez que vos enfants soient des croyants, vous devez accepter votre responsabilité affectée par Dieu et l'assumer comme un service au Seigneur.

Cela ne veut pas dire que les parents qui assument leur responsabilité d'élever leurs enfants dans les voies du Seigneur, comme Dieu leur en a donné la charge, sont assurés d'avoir une progéniture entièrement croyante. La croyance en Christ est avant tout un choix individuel que les parents ne peuvent pas faire pour leurs enfants. Le Seigneur les appelle uniquement à faire leur part en dirigeant le cœur de leurs enfants vers Lui.

Certains parents peuvent prétendre qu'ils ne sont pas adeptes de l'éducation des enfants ; cela peut être vrai dans une certaine mesure. Toutefois, une réalité demeure : les enfants imitent ce qu'ils voient leurs parents faire. Lorsque les parents vivent une vie pieuse, cohérente et authentique, ils gagnent naturellement la confiance et le respect de leurs enfants, ce qui les rend plus enclins à poursuivre le chemin qui leur a été montré. La sous-traitance de l'éducation des enfants à l'Église est loin d'être une solution. La plupart de ceux qui s'occupent des enfants dans les églises ne sont pas plus doués que les parents dans le domaine de l'éducation des enfants. Le débat sur les dons spirituels dans le chapitre suivant apportera un peu plus d'éclaircissement sur le sujet.

Principes du Christianisme Biblique

CHAPITRE 10

Dons Spirituels et Ministère Chrétien

D'abord, 1 Corinthiens 12 enseigne clairement que les dons spirituels sont accordés aux croyants par le Seigneur Jésus, à travers le Saint-Esprit. À l'exception de Jésus-Christ lui-même, qui avait l'Esprit en Lui dès sa conception, aucun autre humain n'est né avec le Saint-Esprit résidant en lui. En fait, seul Dieu sait quand le Saint-Esprit vient habiter dans le corps du croyant.

Dans la conversation rapportée dans le chapitre 3 de Jean, le Seigneur Jésus dit à Nicodème : *« Le vent souffle où il veut, et tu en entends le bruit ; mais tu ne sais d'où il vient, ni où il va. Il en est ainsi de tout homme qui est né de l'Esprit. » (Jean 3:8, LSG).* En d'autres termes, nous ne pouvons percevoir les œuvres du Saint-Esprit dans la vie d'un chrétien né de nouveau que par leurs effets observables. Nous ne savons ni comment ils commencent, ni quels modèles ils suivent. Cela étant, qu'est-ce donc qu'un don spirituel ?

L'essence de la conversation mentionnée ci-dessus est claire : les humains ne naissent pas avec des dons spirituels, puisque ceux-ci sont accordés par le Saint-Esprit aux croyants, et la Bible nous enseigne qu'aucun humain n'est croyant à la naissance naturelle. Par conséquent, nous pouvons conclure avec confiance que les capacités naturelles possédées par un individu dès sa naissance ne peuvent pas être des dons spirituels.

À ma connaissance – et après des recherches approfondies dans les Écritures sur ce sujet – il n'y a pas de fondement biblique à la croyance populaire selon laquelle les compétences naturelles d'un individu, découlant de capacités charnelles, se transformeraient en dons spirituels lors de la conversion. Cela ne veut pas dire que le don spirituel de quelqu'un ne puisse jamais coïncider avec une capacité naturelle. Cependant, rappelant que le Saint-Esprit n'est pas un esprit de désordre ou de confusion, je dirais que ces coïncidences ne sont pas la norme.

Les Écritures nous instruisent d'éprouver chaque esprit (Matthieu 7:15–20 ; 1 Jean 4:1). Nous devons donc juger chaque don par son fruit, en évaluant s'il porte un fruit spirituel avant de conclure qu'il s'agit véritablement d'un don spirituel.

Un don spirituel est une autonomisation de celui qui est doté par le donneur de don vivant en lui, c'est-à-dire l'Esprit Saint. Sa manifestation perceptible est uniquement le résultat de l'œuvre du Saint-Esprit agissant à travers le surdoué. En tant que tel, le don spirituel et le donateur sont inséparables. Un don spirituel ne peut ni exister ni fonctionner indépendamment du Saint-Esprit. Nous devrions également noter qu'à moins qu'une vie ne soit dirigée par le Saint-Esprit, celui-ci ne peut pas se manifester en elle. C'est parce que l'Esprit ne s'impose jamais : sans une disposition volontaire à être conduit par lui, il est impossible de marcher selon l'Esprit.

Bien que nous ne puissions sonder les cœurs humains, nous avons reçu la sagesse spirituelle nécessaire pour discerner et différencier ce qui est spirituel de ce qui est charnel. Les vies véritablement dirigées par l'Esprit sont caractérisées par le fruit de l'Esprit, à savoir : « *l'amour, la joie, la paix, la patience, la bonté, la bénignité, la fidélité, la douceur, la tempérance ; la loi n'est pas contre ces choses.* » *(Galates 5:22–23, LSG)*. Ce sont des traits de caractère clairement visibles dans les vies qui sont vraiment dirigées par le Saint-Esprit, et c'est dans ces vies que les dons spirituels peuvent être manifestés.

Cela ne veut pas dire que toutes les capacités d'un croyant conduit par l'Esprit soient des dons spirituels. Les aptitudes naturelles ne disparaissent pas à la conversion et ne se transforment pas automatiquement en dons spirituels. Bien sûr, une capacité naturelle qui coïncide avec un don spirituel peut sembler comme si elle a été convertie, mais elle ne doit pas être confondue avec le don spirituel superposé.

Une capacité naturelle qui ne coïncide pas avec un don spirituel restera distinctement charnelle et incapable de produire du fruit spirituel dans le ministère : « *Ce qui est né de la chair est chair, et ce qui est né de l'Esprit est esprit* » *(Jean 3:6, LSG)*. Par conséquent, il est primordial pour ceux qui sont engagés dans le ministère de l'Église de bien comprendre cette distinction s'ils désirent voir des fruits spirituels dans leurs communautés, y compris parmi les membres de leur Église auprès desquels ils exercent leur ministère. Puisque le but des dons spirituels est le ministère chrétien, les ministres doivent vraiment le comprendre dans une perspective biblique. Alors, quelle est l'essence du ministère chrétien ?

L'Essence du Ministère Chrétien

Le véritable ministère chrétien est l'utilisation du don spirituel du croyant pour accomplir un travail uniquement destiné à édifier les

autres chrétiens jusqu'à la maturité spirituelle. Son unique objectif est la croissance des chrétiens à la pleine connaissance du Christ (Éphésiens 4:7–16), c'est-à-dire vers la pleine maturité spirituelle. C'est l'état d'esprit où le croyant connaît la vérité et possède la capacité de discernement nécessaire pour distinguer ce qui est vrai de ce qui est faux dans la doctrine chrétienne, entre autres qualités essentielles (Éphésiens 4:13–16). Le véritable ministère chrétien est exclusivement motivé par l'amour du ministre pour le Christ et pour ceux qu'il édifie – rien de plus, rien de moins. J'ose dire que tout motif charnel ajouté transforme le ministère chrétien en une œuvre entachée de péché, dont le Seigneur Jésus ne veut pas s'occuper.
Dans le passage suivant, le Seigneur Jésus réprimande sévèrement les faux ministres qui ont utilisé son nom afin de poursuivre leurs agendas personnels :

> *Ceux qui me disent : 'Seigneur, Seigneur !' n'entreront pas tous dans le royaume des cieux, mais celui-là seul qui fait la volonté de mon Père qui est dans les cieux. Plusieurs me diront en ce jour-là : « Seigneur, Seigneur, n'avons-nous pas prophétisé par ton nom ? n'avons-nous pas chassé des démons par ton nom ? et n'avons-nous pas fait beaucoup de miracles par ton nom ? Alors je leur dirai ouvertement : Je ne vous ai jamais connus, retirez-vous de moi, vous qui commettez l'iniquité. » (Matthieu 7:21–23, LSG)*

Notez que le Seigneur ne conteste pas la véracité des affirmations selon lesquelles ils ont utilisé son nom pour prophétiser, chasser les démons, ou faire des miracles, parce que ces ministres ont effectivement fait ces choses. Il réfute leur affirmation d'avoir fait cela en son nom parce qu'en réalité, leur performance était motivée par leurs propres intérêts personnels, pas ceux du Seigneur. En d'autres termes, ils étaient motivés par leur amour pour eux-mêmes, et non par l'amour pour le Seigneur Jésus et Son église.

D'accord, mais quelles lois enfreignent-ils en agissant ainsi ? L'un des plus grands commandements sur lesquels tous les autres sont fondées, selon le Seigneur Jésus lui-même : « *Tu aimeras le Seigneur, ton Dieu, de tout ton cœur, de toute ton âme, et de toute ta pensée. C'est le premier et le plus grand commandement. Et voici le second, qui lui est semblable : Tu aimeras ton prochain comme toi-même. De ces deux commandements dépendent toute la loi et les prophètes.* » *(Matthieu 22:37–40, LSG)*

Le mot-clé dans ce passage est « tout ». Les premiers chapitres de ce livre ont transmis la nécessité de l'amour agapè exclusif du croyant pour Jésus comme condition nécessaire au salut – c'est précisément ce que croire signifie dans Jean 3:16.

Gagner de l'argent honnêtement avec son dur labeur, soutenu par la bénédiction du Seigneur, n'est pas un péché en soi. Toutefois, il y a un grand danger pour les chrétiens qui sont consumés par la quête des richesses terrestres, et cela pour de bonnes raisons. Le Seigneur Jésus nous met en garde contre de telles poursuites parce que le cœur humain engagé dans une telle quête devient divisé, et s'éloigne même de Dieu (Matthieu 6:19–24).

Nous pouvons trouver toutes sortes d'arguments pour raisonner qu'une telle chose ne nous arrivera jamais parce que nous servons ou créons des richesses pour servir Dieu. Un tel raisonnement est particulièrement fréquent chez les ministres qui se sont, d'une manière ou d'une autre, convaincus qu'ils ont droit à des richesses terrestres parce qu'ils font l'œuvre de Dieu. C'est soit de l'ignorance, soit un mensonge trompeur.

Le Seigneur lui-même nous dit dans Matthieu 6:24 que personne ne peut être entièrement dévoué à deux maîtres en même temps. Le plus grand des commandements, comme cité ci-dessus, ne fait aucune place pour la division du cœur d'un croyant entre Dieu et un autre intérêt personnel prépondérant. Il n'y a aucun fondement biblique permettant à un croyant d'utiliser le ministère chrétien comme moyen d'accomplir ses ambitions financières. Le véritable ministère chrétien est un appel, non une profession, ni une activité conçue pour un gain personnel.

Beaucoup seront prompts à indiquer Deutéronome 25:4 comme la base du principe biblique justifiant une telle utilisation du ministère chrétien, et citeront ce verset : « *Tu n'emmuselleras point le bœuf, quand il foulera le grain* » *(LSG)*. Cependant, même une analyse superficielle du passage révèle le contraire. Nous sommes tous d'accord sur le principe fondamental de ce passage : les besoins immédiats du ministre doivent être satisfaits pendant qu'il ou elle effectue son travail de ministère à temps plein. Comme les besoins du bœuf qui foule le grain, les besoins du ministre à plein temps doivent être satisfaits pendant que son temps est consacré au travail du ministère. Ceux qui facilitent de tels ministères sont promis d'être récompensés autant que le(s) ministre(s) qu'ils soutiennent (Matthieu 10:41).

Ce qui est difficile à expliquer, c'est comment nous passons de la satisfaction des besoins du ministre à la revendication d'un droit salarial, voire d'un mode de vie excessivement luxueux, alors même que la plupart des gens qui paient pour ce mode de vie vivent dans la pauvreté.

Il est important de noter que Deutéronome 25:4 ne prescrit ni la mise de côté d'une portion prédéterminée de grain pour les bœufs, ni un hébergement luxueux, encore moins un traitement privilégié. Les bœufs ne pouvaient manger que le grain accessible à leur portée. Rien de plus. Vous êtes-vous déjà demandé pourquoi Dieu a établi les dîmes et les offrandes comme moyen de subvenir aux besoins des Lévites au lieu d'un salaire ? Peut-être qu'il l'a fait parce qu'il savait que dans leur esprit, l'argent remplacerait rapidement leur appel comme serviteurs dans la maison du Seigneur, devenant la motivation principale du travail qu'ils effectuaient. Ainsi, dans leur esprit, ils commenceraient à servir le don plutôt que de continuer à servir le Donateur.

Malgré l'abondance des provisions de Dieu pour les Lévites, ils ont quand même fini par concevoir des moyens d'exploiter les enfants d'Israël. La même dérive est observable aujourd'hui dans de nombreuses Églises. Les dîmes et les offrandes, initialement établies par Dieu pour subvenir aux besoins des ministres à plein temps, sont devenues un moyen pour les ministres d'exploiter les croyants. Les soi-disant dons spirituels, destinés à édifier l'Église, sont devenus le moyen par lequel les croyants sont exploités ! Ce n'est pas étonnant que le Seigneur Jésus avertisse sévèrement dans Matthieu 6:22–23 : *« l'œil est la lampe du corps. Si ton œil est en bon état, tout ton corps sera éclairé ; mais si ton œil est en mauvais état, tout ton corps sera dans les ténèbres. Si donc la lumière qui est en toi est ténèbres, combien seront grandes ces ténèbres ! » (LSG)*

Les fidèles appauvris finissent par croire qu'ils sont pauvres parce qu'ils n'ont rien à récolter, vu qu'ils n'ont semé aucune graine. On leur dit que semer les « graines de la prospérité financière » équivaut à donner à Dieu. Et quelle est la meilleure façon de donner à Dieu que de remplir, directement ou indirectement, le trésor de l'Église, ou dans certains cas les comptes bancaires du ministre, avec de l'argent que les croyants n'ont pas ? Certains prédicateurs vont jusqu'à enseigner que la voie de la prospérité financière est d'établir des alliances avec Dieu, où le croyant qui donne le plus serait assuré d'obtenir le meilleur retour sur son don ! D'autres instaurent même des compétitions de dons parmi les fidèles, les incitant à aller au-delà de leurs moyens pour donner à l'Église. Et la liste de ces projets continue.

Permettez-moi d'être clair quant à ma position concernant la question de la recherche de gain financier par le biais du ministère chrétien. Je paie fidèlement ma dîme depuis trente-deux ans. J'ai personnellement soutenu, et je continue de soutenir financièrement plusieurs missionnaires à travers le monde. J'ai contribué de manière significative, et je continue de le faire, à la construction de plusieurs bâtiments d'église, tant dans mon pays qu'à l'étranger. Je crois fermement en un soutien indéfectible pour ceux qui sont engagés dans le ministère chrétien. Ce que je ne tolère pas, c'est l'utilisation du ministère chrétien pour exploiter le peuple de Dieu ! J'ai vu, et je continue de voir, ma part de cette pratique en Afrique, en Amérique, et dans de nombreuses régions du monde entier jusqu'à aujourd'hui.

J'ai été confronté à cette pratique pour la première fois de manière flagrante lors d'un voyage personnel en Afrique en 2012, lorsque j'ai été invité à assister à au culte dominical. Environ une heure après le début du service, le prédicateur a commencé son sermon, où il a sans relâche présenté son message de prospérité pour tous ceux qui « sèment des grains ». À la fin du sermon, il a dit aux fidèles que quiconque souhaite être béni au centuple doit s'approcher de l'autel avec les grains qu'il veut semer. J'étais tout à fait attristé de voir les fidèles se presser l'un contre l'autre pour se rapprocher de la chaire afin d'offrir leurs enveloppes. À leurs apparences, il était difficile de ne pas remarquer que la majorité de ceux qui cherchaient les bénédictions en centuple étaient des mères visiblement pauvres, qui pouvaient à peine se permettre un repas complet par jour pour leurs enfants. Ces personnes étaient trompées par un prédicateur qui conduisait une Mercedes-Benz 340, la clôture de l'église était carrelée en marbre, alors que les fidèles vivaient dans la pauvreté.

Beaucoup pensaient qu'il accomplissait l'œuvre de Dieu. Pour ma part, j'étais profondément troublé dans mon esprit ! Personne ne peut pleinement servir deux maîtres, et bâtir un ministère sur des intérêts autres que ceux du Seigneur constitue une transgression de la loi divine, parce qu'un tel travail est fait avec un cœur et un esprit partagés.

Ce témoignage ne représente pourtant que la partie visible de l'iceberg. Dans certaines régions du monde, notamment là où les populations étaient principalement animistes, les ministères chrétiens sont devenus des formes de divination professionnelle, remplaçant en pratique les consultations de charlatans auxquelles les fidèles avaient autrefois recours. À cette fin, des titres pompeux comme 'apôtre', 'prophète', 'bishop', 'homme de Dieu, 'pasteur interplanétaire', et bien d'autres encore, ont été créés de toutes pièces pour projeter une image supérieure que leurs détenteurs aiment tant exposer devant des foules naïves, ou devrais-je dire, devant ceux qui croient davantage en eux qu'en Dieu. En effet, certains ont réussi à faire croire à leurs adeptes qu'ils seraient spirituellement plus élevés et plus proche de Dieu, et que toute bénédiction désirée de la part du Seigneur nécessiterait obligatoirement de passer par leur intermédiaire. De surcroît, ils promettent souvent des bénédictions de santé et prospérité financières à ceux qu'ils pensent, vue leur foi chrétienne évidente, pouvoir être facilement dupés, à travers leurs stratagèmes frauduleux. La vérité est qu'il n'y a aucun passage biblique qui suggère que ceux qui réellement ont les dons spirituels pour assumer le poste de pasteur, prédicateur, d'intercesseur, etc., sont spirituellement plus élevés et donc plus proches de Dieu que les autres membres de leurs congrégations. En réalité, il est très probable que certains membres de l'Église soient même plus croyants que leurs pasteurs, apôtres, bishops, etc., dont l'objectif réel se limite à l'accumulation de biens matériels, souvent au détriment de leurs pauvres et ignorants fidèles.

J'ai personnellement été la cible de ce genre d'escroquerie spirituelle de la part de soi-disant pasteurs, prophètes, et « hommes de Dieu » africains. Certains m'ont fait des promesses de longue vie, d'une santé parfaite et des richesses abondantes, au coût de deux millions quatre cent mille francs CFA en frais de prière de bénédiction, en plus d'un voyage de vacances aux États-Unis pour eux et leurs épouses, entièrement à mes frais. Selon leurs prophéties, j'étais personnellement menacé de mort si je refusais leurs conditions. Évidemment, je ne suis pas tomber dans leurs pièges. D'innombrables africains ont, d'une façon ou d'une autre, été victimes de ces arnaqueurs spirituels. Ainsi, ils exploitent la vulnérabilité de ceux qui recherchent désespérément des solutions aux difficultés de la vie dans le domaine spirituels sans connaître les vérités bibliques relatives à leurs situations.

À ce stade, vous devriez vous demander ce qu'est le véritable ministère chrétien. En d'autres termes, quel ministère est réellement approuvé par le Seigneur Jésus-Christ ? Tournons donc maintenant notre attention vers un examen de ce concept à la lumière des Écritures pertinentes.

Le Véritable Ministère Chrétien

Premièrement, le ministère chrétien est un travail motivé par l'amour du ministre pour le Christ et son Église, alors que le travail séculier est motivé par les intérêts personnels et les ambitions de l'ouvrier. Deuxièmement, le but ultime du travail séculier est de satisfaire les désirs charnels personnels du travailleur, tels que mettre de la nourriture sur la table, rassembler des biens matériels, gagner de l'argent, et atteindre un certain statut social ou accéder à la reconnaissance et à la célébrité.

Ces désirs sont motivés par l'amour de soi, et l'accomplissement du travail est l'objectif ultime de toute activité connexe. En revanche, le but ultime du ministère chrétien, tel qu'indiqué dans 2 Corinthiens 2.17, est la croissance des chrétiens vers la pleine connaissance de Christ – un objectif spirituel, désintéressé et éternel. Contrairement à l'arène laïque des affaires, accomplir le travail ne peut pas être l'objectif de toute activité dans le ministère chrétien. Le ministre chrétien effectue un travail physique avec objectif primordial : l'obtention de résultats spirituels, au-delà des produits visibles du travail ; et seul le Saint-Esprit peut produire de tels résultats par les dons spirituels appropriés. Ainsi, le ministère chrétien exige la puissance de Dieu pour atteindre ses objectifs, pas des paroles persuasives et sages ancrées dans la sagesse humaine ou les compétences séculaires (1 Corinthiens 2:4–5).

Tout travail alimenté par les capacités naturelles de quelqu'un n'est pas un ministère chrétien authentique. Il est dépourvu de la puissance du Saint-Esprit et, par conséquent, ne peut porter aucun fruit spirituel (Jean 15:5). Il n'est pas étonnant que la plupart des ministères d'aujourd'hui soient spirituellement stériles. La grande majorité des chrétiens fréquentent les églises depuis des décennies sans croissance spirituelle notable. Des programmes de l'église sont menés et des activités connexes sont effectuées semaine après semaine, mois après mois, année après année, même décennie après décennie, avec presque aucun impact spirituel sur la congrégation ou le monde !

Permettez-moi d'illustrer ce constat par quelques exemples pratiques. Est-ce que votre église recherche des personnes spirituellement qualifiées lorsqu'elle embauche pour un poste de ministère ? Considère-t-elle la plénitude de l'Esprit – c'est-à-dire une vie véritablement conduite par le Saint-Esprit – comme critère déterminant lors de la nomination des chefs de culte, trésoriers, membres du comité des finances, enseignants d'École de dimanche, travailleurs en crèche, diacres, anciens, secrétaires d'église, membres du personnel d'entretien et même pasteurs ? Si tel est le cas, que le Seigneur soit loué pour votre église, car la plupart des églises n'y parviennent pas. Et pourquoi ? Ces postes de ministère n'ont-ils pas tous un impact sur l'édification de ceux qui fréquentent les églises ? La sagesse naturelle ne nous dit-elle pas qu'un travail est mieux fait par un travailleur qualifié et formé ? Pourquoi les églises négligent-elles la qualification la plus fondamentale que leurs ministres devraient posséder ?

Deux raisons principales expliquent cette dérive : la pratique est soit causée par pure ignorance, soit motivée par des objectifs personnels.

D'une part, les églises, ayant des dirigeants qui manquent de discernement pour les dons spirituels ou qui ignorent leur importance primordiale, ne peuvent pas reconnaître ou privilégier ceux-ci lors du recrutement ou de la nomination des ministres. D'autre part, les dirigeants de l'église, ayant des agendas personnels, privilégient leurs objectifs personnels par rapport à la croissance des chrétiens à la pleine connaissance du Christ. Ce qui compte avant tout pour eux, c'est de terminer les tâches à accomplir, et cela se fait généralement sans égard à la façon de l'accomplir. La tendance est donc de s'appuyer sur les pratiques commerciales pour diriger les ministères chrétiens. Oui, effectuer le travail amène les membres par dizaines, par centaines, et parfois par milliers ; cela apporte des dons financiers et des offrandes par milliers, et parfois par millions de dollars. Ainsi, nous avons des églises gigantesques avec des milliers, des centaines de milliers, et parfois des millions de membres !

Les ministres s'enrichissent et deviennent multimillionnaires. Ils possèdent des jets privés et des biens opulents qu'ils attribuent frauduleusement à l'Église afin d'échapper à certaines obligations fiscales, une manœuvre qui les rend encore plus riches.

À première vue, ces résultats impressionnent. Nous considérons que de telles églises ont beaucoup de succès. Ce sont certainement des entreprises prospères ! Cependant, leur succès en tant qu'églises diminue rapidement lorsque nous commençons à faire un inventaire de la maturité spirituelle de ceux qui dirigent ou fréquentent ces églises. Malheureusement, nous découvrons que la plupart des chrétiens professants ne comprennent même pas ce qu'ils disent croire. Ils n'ont aucune idée de comment vivre ce qu'ils affirment croire. Leur mode de vie diffère à peine de celui des incroyants. Leurs mariages sont en ruines. Les enfants, pourtant « élevés dans l'église », sont découragés par l'hypocrisie évidente dans la vie de leurs parents et finissent par rejeter le christianisme. Les divorces se multiplient dans les églises. Les dirigeants eux-mêmes sont entachés de scandales sexuels, pudiquement qualifiés « d'échecs moraux ».

Il est clair que nous utilisons de mauvais critères pour mesurer le succès dans ce contexte. Je suis convaincu que le Seigneur Jésus préférerait voir quelques croyants véritablement matures plutôt que des milliers d'âmes perdues assises dans les églises, persuadées d'être sauvées alors qu'en réalité elles ont été toutes induites en erreur et demeurent spirituellement perdues.

C'est une réalité dure et difficile à admettre, vous pourriez donc soutenir que seul Dieu sait si ces personnes sont réellement sauvées ou non. Peut-être que votre point est bien valable, mais l'est-il réellement ? Comment de telles personnes pourraient-elles être sauvées si elles ne croient pas en Christ ? Comment pourraient-elles croire si elles n'ont jamais entendu la vérité et pris une décision consciente et éclairée de suivre le Christ ? Et comment auraient-elles pu entendre la vérité si elle ne leur a jamais été prêchée ? Combien de prédicateurs privilégient aujourd'hui la prédication de la vérité de l'Évangile telle qu'elle est écrite dans les Écritures ? Très peu, s'il en existe encore ! Les agendas personnels des prédicateurs ont supplanté le but originel de prêcher la vérité de l'Évangile pour amener les âmes à croire au Fils de Dieu.

Certains prédicateurs n'osent pas dire la vérité parce qu'ils sont des employés de l'église ; dire la vérité pourrait contrarier certains grands donateurs, qui pourraient quitter l'église et mettre en péril les sources de revenus lucratives de ses ministres. D'autres trompent les masses, prêchant leurs « formules pour devenir riche », habilement déguisée en révélations de Dieu.

Seul le Seigneur connaît leurs motivations profondes. Mais à ces croyants qui tombent dans les pièges de ces loups déguisés en brebis, je demande : Vous êtes-vous déjà demandé pourquoi la plupart des apôtres de Jésus-Christ étaient pauvres ? S'il existait réellement des formules universelles pour « devenir riche » applicable à tous les chrétiens, comment se fait-il que Jésus ne les ait pas enseignées à ses disciples, qu'il appelait ses amis, et à qui il a révélé les mystères de Dieu concernant la question la plus importante de la vie humaine : le plan de Dieu pour le salut de l'humanité ? Est-ce parce que Jésus ne connaissait pas ces formules, ou n'aimait-il pas suffisamment ses apôtres pour soulager leurs souffrances de la pauvreté ?

Une telle conclusion est impensable. Jésus était prêt à mourir d'une mort ignoble sur une croix romaine pour eux. Partager de telles connaissances avec eux aurait été la moindre des choses, et pourtant, il ne l'a jamais fait. Plus encore, Jésus lui-même n'a pas vécu dans l'abondance matérielle durant son ministère sur Terre (Matthieu 8:20).

Peut-être qu'il n'existe pas de « formule pour devenir riche » après tout. Peut-être que « l'Évangile de la prospérité » n'est rien d'autre qu'une christianisation des stratégies, utilisées par beaucoup dans le milieu des affaires, déguisées en programmes de formation à la prospérité financière, pour s'enrichir au profit des voisins faibles, naïfs ou ignorants.

Mon propos est le suivant : Dieu traite les individus en fonction de leurs caractères personnels et comme il le juge approprié, exactement comme le Seigneur Jésus traite les sept Églises dans le livre de l'Apocalypse, chapitres 1 à 3. Il permet à certains individus d'acquérir des richesses et à d'autres d'en rester démunis, mais il prend soin de la moindre de ses créatures ; inutile de dire qu'il prend soin de nous tous (Matthieu 6:25–32). Sa priorité est notre prospérité spirituelle, et non les richesses matérielles (Matthieu 6:32).

Cela ne veut pas dire que le Seigneur veut que ses enfants souffrent dans la pauvreté. Comme toute autre source de souffrance vécue par les humains dans notre monde, la pauvreté est principalement le résultat du péché de l'humanité ; Adam ne manquait littéralement de rien jusqu'au jour où il choisit d'aller contre la volonté de Dieu et fut chassé du jardin d'Éden, où il vivait dans l'abondance avec Eve, sa femme. En tant que tel, la pauvreté parfois résulte indirectement des pratiques coupables et oppressives des acteurs économiques. D'autres fois, elle résulte directement des mauvais choix que les gens font en exerçant leur libre arbitre attribué par Dieu.

Faire de meilleurs choix n'est pas une garantie pour devenir riche, mais cela soutient largement les plans du Seigneur pour subvenir à nos besoins. Le Seigneur n'oblige personne à mettre en œuvre ses plans pour l'humanité parce qu'il a choisi de donner à l'Homme le privilège du libre arbitre depuis sa création — mais revenons à notre sujet principal pour quelques remarques finales.

Jusqu'à ce que les églises commencent à exiger les dons spirituels applicables comme critères de nomination de leurs ministres, elles continueront à faire tourner leurs rouages sans aucun résultat spirituel significatif concernant la maturité des fidèles. Embaucher des ministres professionnels principalement sur la base de leur formation dans les écoles bibliques ne donnera pas les résultats spirituels attendus. Peu importe l'ampleur et l'étendue d'une telle éducation, elle ne peut enseigner à personne la connaissance du Christ, laquelle ne s'acquiert que par l'expérience vécue d'une relation personnelle avec Lui.

Il ne s'agit pas d'être savant en Christologie ; il s'agit de connaître le Christ personnellement, et la différence est fondamentale. Ceux qui ont des connaissances sur le Christ agissent sans aucun impact spirituel, s'appuyant souvent sur la sagesse humaine basée sur les stratégies d'affaires pour attirer les masses. En revanche, ceux qui connaissent le Christ et sont spirituellement doués obtiennent des résultats spirituels par la puissance du Saint-Esprit. Ils font des disciples qui croient au pouvoir de Dieu, et non en des ministres humains idéalisés.

CHAPITRE 11

Le Talon d'Achille

« Tu aimeras ton prochain comme toi-même »
(Matthieu 22:37–40, LSG).

Je m'attends à ce que la plupart des lecteurs occasionnels commencent à lire ce chapitre puis abandonnent rapidement, tant la vérité déchirante qui sera bientôt exposée risque de heurter leur conscience. Cela me peine beaucoup de faire la lumière sur ces vérités, mais mon amour pour mon prochain m'y oblige.

La vérité brutale est que la majorité de ceux qui sont étiquetés aujourd'hui comme disciples du Christ ne pourraient pas être plus trompés qu'ils ne le sont actuellement. Veuillez comprendre que je ne suis pas en train d'argumenter et que je ne peux pas argumenter contre les actes de la plupart des chrétiens modernes. Ils prétendent avoir été « sauvés » : ils professent le Christ. Certains sont des prédicateurs ; beaucoup dirigent les cultes, des études bibliques, des groupes de prière, l'école du dimanche et bien d'autres programmes d'église que nous n'avons pas la place d'énumérer dans ce chapitre. Tout est fait au nom du Christ, du moins est-ce ce qu'ils croient.

Certains ont pris la dévotion de nourrir les affamés, abriter les sans-abris, et sauver les vulnérables des actes maléfiques du trafic humain, etc. Il n'y a assurément pas de pénurie de missions ni de ministères dans l'Église aujourd'hui, et cela est louable.

Malheureusement, ces actes sont principalement réalisés par auto-accomplissement, ou, du moins, ils en donnent l'apparence. Permettez-moi de m'expliquer. Tous ces actes témoignent-ils réellement de l'amour des hommes pour le Seigneur et pour le prochain ? Envoyons-nous des missionnaires dans le monde entier parce que nous aimons ceux à qui ils sont envoyés ? Ou faisons-nous notre soi-disant « travail pour le Seigneur » ? C'est une affirmation dérangeante, certes, mais nous ne pouvons pas ignorer « l'éléphant dans la pièce » et continuer à prétendre marcher dans la vérité.

La division raciale dans l'Église aujourd'hui est une condamnation silencieuse des motivations qui alimentent nos actes. Vous pourriez être tenté d'exempter vos propres œuvres de cet examen, convaincu qu'elles sont accomplies par amour pour le Christ et le prochain, et vous auriez raison si, seulement si, vous pouviez répondre affirmativement aux questions suivantes : Recevriez-vous, à bras ouverts, un autre disciple du Christ venant d'un pays différent ? Qu'en est-il de l'un de vos compatriotes d'une race différente ? Entretiendriez-vous une relation fraternelle avec un tel individu ? Les traiteriez-vous comme vos frères et sœurs biologiques ? Donneriez-vous votre fils ou votre fille en mariage à un tel croyant par amour pour le Christ et son bien-aimé ? Ne les traiteriez-vous pas différemment de quelque manière que ce soit parce qu'ils ne sont pas de votre culture ou parce que le Seigneur a choisi de leur donner une couleur de peau autre que la vôtre ? Seriez-vous capable de vous identifier à eux sur la base de l'amour fraternel chrétien ?

Si nous ne pouvons pas sincèrement répondre à ces questions par un oui affirmatif, comment pouvons-nous prétendre que nos missions et nos programmes d'église sont motivés par l'amour pour ceux que nous prétendons servir ? Peut-être que nous ne réalisons pas l'importance de l'amour pour notre frère chrétien. C'était pourtant l'un des thèmes principaux qui préoccupaient Jésus-Christ lorsqu'il était sur Terre, à tel point que Lui-même a prié pour cela ! Je dirais que le Seigneur savait que le manque d'amour pour Dieu et pour le frère ou la sœur est le talon d'Achille de ceux qui veulent le suivre. Pourquoi ? Parce que Dieu juge notre amour pour Lui-même par notre engagement à vraiment aimer notre frère et notre prochain.

À travers l'histoire du Bon Samaritain, le Seigneur nous enseigne sans équivoque qui est notre prochain. Il inclut tous nos proches, tous ceux que nous n'aimons pas ; même nos ennemis les plus odieux (Matthieu 5:44). Notre amour pour le Seigneur ne se mesure pas par la quantité de ce que nous faisons « pour Lui » ; il se mesure par notre engagement à garder (obéir) ses commandements : *« Celui qui a mes commandements et qui les garde, c'est celui qui m'aime ; et celui qui m'aime sera aimé de mon Père, je l'aimerai, et je me ferai connaître à lui »*, *(Jean 14:21, LSG)*. Il est celui qui nous commande d'aimer notre frère et notre prochain. C'est ainsi que nous lui démontrons notre amour.

Si vous êtes quelqu'un qui veut aller à l'église ou qui a cru aux enseignements dilués répandus dans les cercles chrétiens modernes, vous penseriez peut-être que mes paroles dans ce chapitre décrivent le christianisme de manière totalement opposée à ce qu'il est censé être. Et c'est précisément parce que le christianisme est vraiment ainsi.

Considérez ce que le Seigneur Jésus transmet à ses disciples dans Luc 14:26–33. Il affirme que quiconque veut être son disciple (un chrétien) doit réfléchir sérieusement aux changements drastiques de mode de vie que cela implique. Devenir chrétien est une décision qui ne doit pas être prise à la légère : c'est un engagement qui transforme la vie. Il s'agit d'un appel à obéir au Seigneur quelles que soient les conséquences.

Au début des années 2000, ma famille a déménagé de l'État d'Ohio vers le New Jersey. En conséquence, il était nécessaire pour nous d'obtenir de nouveaux permis de conduire dans les deux mois suivant notre date de déménagement. Soit dit en passant, si vous pensez que votre bureau local des affaires publiques est inefficace, ce n'est rien comparé au bureau DMV de Paramus, dans le New Jersey, à cette époque-là. Ce bureau avait un numéro de téléphone sans répondeur automatique ni opérateur téléphonique pour servir le public. Les sites web du DMV, tels que nous les connaissons aujourd'hui, n'existaient pas encore. La seule façon d'obtenir des informations auprès du bureau du DMV de Paramus consistait à se rendre en personne et à patienter dans une longue file d'attente pendant au moins 45 minutes, simplement pour s'informer sur le processus d'obtention d'un permis de conduire du New Jersey.

Pour rendre la situation encore plus frustrante, il n'y avait pas de liste écrite des documents nécessaires pour enclencher le processus. Selon le cas spécifique du demandeur, l'agent au comptoir énumérait verbalement les pièces nécessaires. Inutile de dire que le commis ne pouvait pas toujours fournir la liste complète des documents concernant un cas donné à moins de connaître précisément la situation personnelle du demandeur. Ainsi, les nouveaux arrivants comme nous avons dû faire plusieurs voyages vers ce bureau, situé à plus de 16 kilomètres de notre domicile, avant d'obtenir la liste complète des documents requis.

En revenant d'un de ces voyages, nous avons dû nous arrêter dans une rue passante et animée du centre-ville d'Englewood, où le stationnement ne se faisaient que dans des emplacements diagonaux. J'ai réussi à garer ma voiture à côté d'une berline Acura de luxe. Venu le temps de partir, j'ai commencé à reculer hors de ma place de parking, concentrant toute mon attention sur le trafic bidirectionnel derrière moi, tout en jetant de rapide coups d'œil à l'avant de ma voiture, comme tout conducteur prudent le ferait. En une fraction de seconde, j'ai entendu un bruit de frottement et me suis immédiatement arrêté : le pare-chocs avant de ma voiture venait de rayer le côté passager arrière de la berline garée, brisant au passage le voyant latéral de ma propre voiture, qui demeurait toutefois fonctionnel.

Le propriétaire du véhicule endommagé était introuvable, et l'impact était si léger qu'aucun témoin, à part moi, ne semblait avoir réalisé ce qui venait de se passer. En fait, j'aurais pu juste partir et personne n'aurait remarqué quelque chose d'anormal. Mais je savais que j'avais endommagé la propriété de quelqu'un, et je me suis dit que, si j'avais été à la place du propriétaire, je n'aurais pas souhaité que le responsable des dommages disparaisse sans rien dire. Je savais aussi que cela me coûterait une somme non négligeable pour réparer le véhicule endommagé, que ce soit par une réclamation d'assurance ou autrement. Pourtant, je n'ai pas hésité une seconde : j'ai décidé d'attendre que le propriétaire du véhicule se présente.

Environ 20 à 30 minutes plus tard, la propriétaire arriva. C'était une dame d'âge moyen qui, malgré mes appels répétés : « Excusez-moi !

Excusez-moi ! », ne semblait pas disposée à m'écouter. Elle monta dans sa voiture par la porte sur le côté conducteur et s'apprêtait à s'en aller. Alors, j'ai approché la voiture et frappé à la vitre fermée. Elle s'est arrêtée et a abaissé la fenêtre. Je lui ai expliqué la situation, lui ai montré les dégâts, et lui ai proposé de prendre en charge les réparations de sa voiture. À ma surprise, elle paniqua et refusa la discussion sans la présence de la police. J'ai donc appelé les forces de l'ordre.

Lorsque le policier arriva et examina les dommages, il nous suggéra de régler l'affaire à l'amiable sans déposer de réclamation formelle pour éviter une augmentation de nos primes d'assurance respectives. La dame refusa cette proposition, affirmant qu'elle n'avait pas confiance dans le fait que je tiendrais ma promesse de réparation sans rapport officiel. Je lui ai gentiment rappelé que j'aurais pu quitter la zone ou l'aurais laissée partir sans lui parler de l'accident si mon intention était de fuir mes responsabilités.

L'officier, qui écoutait attentivement la conversation, fut visiblement surpris d'apprendre que c'était moi qui avais insisté pour signaler l'accident. Il me demanda littéralement : « As-tu vraiment fait ça ? »
« Oui », répondis-je.
La dame confirma également mes propos.

L'agent se tourna alors vers moi et déclara : « Dieu merci, il y a encore de bonnes personnes dans ce pays ! »

En entendant ces mots, la dame réalisa que je n'étais pas sur le point de fuir mes responsabilités. Je lui suggérai de faire réparer sa voiture chez le concessionnaire, en l'assurant que je couvrirais l'intégralité des frais. Ainsi, nous avons échangé nos coordonnées, convenu des modalités de réparation, puis sommes repartis chacun de notre côté. Cette nuit-là, je reçu un appel du mari de la dame, me remerciant pour la façon dont j'avais géré ce qui s'était passé. Il était un frère chrétien et soupçonnait que je le serais aussi, ce qui l'avait incité à m'appeler. Quelques semaines plus tard, j'ai payé 500 dollars américains pour les réparations de son véhicule, et l'affaire fut définitivement réglée.

Je dois reconnaître que ce n'était pas une question de vie ou de mort ; cependant, cela impliquait des conséquences réelles pour moi et ma famille, compte tenu du climat économique qui prévalait dans la zone des trois états de la côte Est des États-Unis au début des années 2000, surtout au regard des dépenses importantes que notre famille venait d'engager pour déménager dans un nouvel État.

Ce que je veux souligner, c'est que l'obéissance exige la volonté de se conformer en toute circonstance, grande ou petite, même quand aucun autre être humain ne regarde. Car le Seigneur, Lui, regarde toujours. Aimer son prochain est souvent coûteux, mais il est inhérent à l'intégrité pieuse requise pour suivre le Christ. La bonne nouvelle est que les *« souffrances du temps présent ne sauraient être comparées à la gloire à venir qui sera révélée pour nous » (Romains 8:18, LSG),* lorsque le Seigneur reviendra sur Terre et que les élus seront glorifiés.

Pour en revenir à notre principal sujet d'intérêt dans ce chapitre, je dois dire que je suis consterné par le silence assourdissant de ceux qui sont en chaire concernant l'absence apparente d'amour biblique pour Dieu et le prochain au sein des congrégations de l'église contemporaine. Ce silence prive littéralement ceux qui, autrement, chercheraient une véritable conversion au christianisme, de l'opportunité la plus décisive de leur vie : celle de vivre réellement pour le Christ.

En effet, beaucoup courent le risque d'une expérience déchirante lorsqu'ils se tiendront devant le Seigneur, essayant de rendre compte de tout ce qu'ils ont fait en son nom, seulement pour l'entendre dire : *« Je ne vous ai jamais connus, retirez-vous de moi, vous qui commettez l'iniquité. » (Matthieu 7:23, LSG)*.

Certains lecteurs pourraient penser que ce passage concerne ceux qui n'ont pas professé le Christ de leur vivant. Rien ne pourrait être plus éloigné de la vérité. Notez que ceux qui font des affirmations de grandes réalisations au nom du Seigneur ont en effet fait les choses qu'ils prétendent.

L'omniscient Seigneur ne les appelle pas menteurs parce qu'ils disent la vérité. Il les rejette plutôt pour avoir été des pratiquants de l'iniquité. Bien sûr qu'il s'agit de violation de la loi divine telle qu'enseignée par les Écritures. Je ne parle pas simplement des Dix Commandements tels qu'ils ont été donnés à Moïse, mais de l'esprit même de tous les commandements comme le Seigneur Jésus les a résumés en ces mots : *« Tu aimeras le Seigneur, ton Dieu, de tout ton cœur, de toute ton âme, et de toute ta pensée. C'est le premier et le plus grand commandement. Et voici le second, qui lui est semblable : Tu aimeras ton prochain comme toi-même. » (Matthieu 22:37–40, LSG)*.

Le fait est que rien n'a d'importance pour le Seigneur si nous ne sommes pas engagés à obéir à sa parole. Notez que je ne dis pas : « Rien n'a d'importance si nous ne respectons pas la loi divine. » Les vrais chrétiens, pas ceux qui prétendent l'être, ne sont pas parfaits. Ils ne parviennent toujours pas à vivre selon les normes parfaites de Dieu – souvent contre leurs propres désirs, entraînés dans la chute par la nature déchue de l'Homme – mais ils ne pratiquent pas l'iniquité. C'est-à-dire qu'ils aiment Dieu ; ils aiment leurs voisins, voire leurs ennemis, de la manière commandée dans Matthieu 22:37–40. Après avoir connu la vérité, nous sommes jugés par notre engagement à obéir, et non par la manière dont nous compensons notre désobéissance continue.

Considérez le roi David ; il a commis des péchés que la plupart d'entre nous n'auront jamais le malheur de commettre. Pourtant, il a gagné le cœur de Dieu en raison de son engagement profond envers la repentance et de sa poursuite de l'obéissance à Dieu, quel qu'en soit le prix. Les Écritures en témoignent à maintes reprises, lorsque Dieu étend Sa miséricorde envers Israël en disant : *« Pour l'amour de mon serviteur David. » (LSG)*

Aujourd'hui, l'église éteint le Saint-Esprit de Dieu par sa désobéissance continue à la loi d'amour de Dieu. Si vous vous demandez pourquoi de moins en moins de jeunes générations s'intéressent au christianisme, ne cherchez pas plus loin que l'église elle-même. Elle n'a pas appris aux générations plus âgées à privilégier la vie pour le Christ. La laïcité leur a appris à vivre pour le rêve du succès financier. Elles ont cru aux mensonges de Satan concernant l'éducation des enfants et ont envoyé les deux parents dans les entreprises pour gagner de l'argent, abandonnant les enfants à être élevés par les garderies, les nounous, les enseignants et les programmes religieux. Il n'y a absolument aucun fondement biblique ou précédent pour de telles transformations de la famille chrétienne.

La Bible le dit clairement : c'est aux parents qu'il incombe d'élever l'enfant selon les voies de Dieu, pas à l'église, ni aux écoles, ni aux garderies, ou aux nourrices. En fait, j'irai jusqu'à dire que l'intérêt principal de Dieu concernant la famille chrétienne est d'engendrer et d'élever des enfants pieux (Malachie 2:15).

Dans le contexte de notre discussion sur l'amour pour le frère, la sœur et le prochain, la société laïque condamne l'église avec ses actions audacieuses pour construire et intégrer une meilleure société pour tous, indépendamment du pays d'origine, de la croyance, de la race ou de la couleur de peau. Il est vraiment déchirant de réaliser que ceux qui prétendent avoir décidé de vivre selon le modèle de Jésus-Christ, l'amoureux ultime de l'humanité, sont devenus enracinés dans leurs propres manières impies, au point où les pasteurs n'osent pas parler contre le statu quo, par crainte de perdre la faveur de ceux qu'ils considèrent comme leurs employeurs.

En conséquence, l'église est l'une des institutions les plus ségréguées. Elle est séparée selon les classes sociales, les races, les groupes ethniques, pour n'en nommer que quelques critères. La ségrégation est devenue tellement enracinée dans l'église que les fidèles n'ont aucun problème à référer les nouveaux arrivants qu'ils jugent inaptes pour leurs congrégations à d'autres églises de même classe sociale, race, ou groupe ethnique.

Certaines factions au sein de ces congrégations mènent des études bibliques secrètes, où elles n'invitent que ceux qu'elles jugent dignes d'association et de communion. Les dirigeants de ces congrégations savent tout sur ces pratiques dans leurs églises mais n'osent pas les dénoncer. Pourtant, nous devrions tous nous souvenir de cette vérité solennelle : « À ceux qui ont beaucoup reçu, beaucoup leur sera demandé. » Ignorer la vérité par peur de l'Homme est irréfléchi. Le Tout-Puissant, qui peut tuer le corps et envoyer l'âme en enfer, est celui à craindre. C'est ce que le Seigneur Jésus a enseigné dans Matthieu 10:28.

Beaucoup d'énergie et de ressources sont consacrées à des actes qui n'auront aucune importance à la fin, sauf si nous nous repentons, changeons nos manières, et nous engageons à obéir aux paroles du Christ. Nous ne verrons pas la puissance de Dieu se manifester dans nos vies, et l'église ne vivra pas vraiment la puissance de l'Esprit, jusqu'à ce qu'il y ait repentance.

CONCLUSION

Le christianisme consiste à former le cœur, l'âme et l'esprit des croyants. Pourtant, une grande partie de l'énergie et des ressources de l'église d'aujourd'hui est consacrée à des actes qui n'auront aucune importance à la fin, à moins que nous ne nous repentions, ne changions radicalement nos manières et nous engagions à obéir aux paroles du Christ. Pour utiliser une analogie sportive, les Écritures sont les instructions d'entraînement, le Saint-Esprit de Dieu est l'entraîneur, et les croyants sont les joueurs en formation.

Malheureusement, les joueurs n'écoutent plus, ou ne suivent plus, les instructions de l'entraîneur. Au lieu de cela, leurs capitaines – les dirigeants de l'église – ont établi leurs propres agendas et conçu leurs propres méthodes pour contrôler le comportement des joueurs – croyants – pour leur propre bénéfice. De telles méthodes humaines peuvent être des outils efficaces pour atteindre les objectifs personnels des dirigeants, mais ce sont des exercices spirituellement vains.

L'homme accorde de l'importance aux apparences, mais le Seigneur regarde le cœur. Aucun régime de conditionnement comportemental ne remplacera jamais la sanctification véritable. Seul le renouvellement de l'esprit du croyant, fondé sur l'écoute fidèle de la vérité biblique et la puissance purificatrice du Saint-Esprit, peut sanctifier. Le contrôle du comportement est l'antithèse de l'intention originelle de Dieu. Il désirait créer un être semblable à Lui-même, un être qui serait également capable d'aimer, tout comme Il en est Lui-même capable : l'Homme. La pureté de la nature de Dieu ne permettait pas la substitution du véritable amour qu'Il désirait de sa nouvelle créature pour la conformité inhérente d'un être robotique.

En effet, l'amour ne peut pas exister dans un tel être qui n'a pas la capacité de choisir de faire autrement que de se conformer. L'amour n'est pur et significatif que s'il est librement donné par le donateur. Pour cela, Dieu a créé l'Homme comme un agent totalement libre, choisissant de ne pas interférer avec son choix de Lui obéir ou désobéir.

D'une part, Dieu savait que certains humains l'aimeraient, tandis que d'autres le détesteraient littéralement. Il est Dieu ; Il peut supporter cette réalité. D'autre part, Il est tellement juste que Sa nature ne peut pas accepter de « balayer un méfait sous le tapis », pour s'en débarrasser sans qu'une pénalité soit payée pour le mal fait. Ainsi, Il savait qu'Il punirait les méfaits de l'Homme dès le début. Cependant, Sa nature infiniment aimante l'a motivé à trouver un moyen pour que la peine des méfaits de l'Homme soit payée. Il a choisi la mort sacrificielle de son Fils Jésus-Christ sur une croix romaine, comme le seul paiement digne d'effacer la peine de mort méritée par l'Homme pour ses méfaits – la justification. Cela faisait partie intégrante du plan divin depuis le début, même avant que l'Homme ne désobéisse à Dieu – le péché.

Dieu savait aussi que l'image divine qu'il avait donnée à l'Homme lors de la création serait ternie une fois qu'il lui aurait désobéi. L'homme a été incité à désobéir à Dieu. L'Homme, une fois tombé, ne pouvait plus retourner par ses propres moyens à cet état originel donné lors de la création. Ainsi, Dieu a établi un processus pour commencer sa restauration – la sanctification. Il a envoyé Son Fils comme l'exemple parfait de l'Homme, ainsi que Son Saint-Esprit pour former, renouveler et transformer le cœur, l'âme et l'esprit des croyants, jusqu'au jour où Il, Dieu, restaurera pleinement ceux qui croient en Son Fils à la ressemblance divine parfaite – la glorification.

S'il doit y avoir un espoir de réveil, nous devons cesser de recourir à l'ingéniosité humaine et aux pratiques commerciales laïques dans les affaires spirituelles. Nous devons prêcher la vérité sans crainte, et croire suffisamment au Seigneur pour le prendre au mot. D'ici là, les églises, telles qu'elles existent aujourd'hui, continueront à fonctionner comme de simples entreprises d'affaires revêtues d'un vernis spirituel, et toutes tentatives visant à conduire le cœur des générations futures vers Dieu continueront à échouer.

Références

Youssef, Nagy A., et al. "The Effects of Trauma, with or without PTSD, on Transgenerational DNA Methylation Alterations in Human Offsprings." *Brain Sciences* 8, no. 5 (May 2018): 83. https://doi.org/10.3390/brainsci8050083

Orr, James, M.A., D.D., ed. *International Standard Bible Encyclopedia.* 1915. Entry for "God, Image of." https://www.studylight.org/encyclopedias/isb/g/god-image-of.html

Harper, Douglas. *Online Etymology Dictionary.* Accessed August 31, 2025. https://www.etymonline.com/

www.ingramcontent.com/pod-product-compliance
Lightning Source LLC
Chambersburg PA
CBHW050829160426
43192CB00010B/1953